LES SCANDALES DU PERMIS À POINTS

Mélina Gazsi

LES SCANDALES DU PERMIS À POINTS

Les abus et les pièges

COLLECTION DOCUMENTS

cherche midi

23, rue du Cherche-Midi
75006 Paris
Vous pouvez consulter notre catalogue général
et l'annonce de nos prochaines parutions sur notre site:
www.cherche-midi.com

Avant-propos

Le permis à points aura 20 ans en 2012. Ne nions pas l'évidence : incontestablement, la politique de sécurité routière a porté ses fruits. Comment ne pas s'en féliciter ? La mise en œuvre du permis à points en 1992 a contribué sans nul doute à faire baisser la mortalité sur les routes. De la même façon, la mise en place des radars en 2003 a eu un impact sur les comportements dangereux. Puisque la route, comme bien d'autres « fléaux », tue, il est normal que l'État engage des campagnes de prévention et mette en place des dispositifs pour réduire le risque.

Toutefois, présenté à l'origine comme un outil pédagogique, le permis à points est devenu une machine de guerre automatisée, lancée contre les automobilistes, tous considérés comme des délinquants. Or, quand une politique de prévention aboutit à opposer durablement deux camps l'un contre l'autre, il y a lieu de s'interroger.

Cette interrogation forme le point de départ de ce document. En réalité, il s'agit d'une enquête de journaliste, qui confronte chiffres et discours, décisions et mesures, vérités et contrevérités, et revient sur la genèse du permis à points et la façon dont les radars sont entrés dans le paysage routier.

Cette enquête met ainsi en lumière bien des contradictions et des zones d'ombre. Quelques exemples : pourquoi afficher comme objectif la « tolérance zéro pour les délinquants de la route » quand, en réalité, le système mis en place frappe également l'automobiliste qui commet une seule faute d'inattention ? Pourquoi accuser la vitesse de tous les maux quand, de l'aveu même des responsables de la Sécurité routière, « la grande vitesse est devenue marginale » ? Pourquoi marteler que seuls les radars ont permis de faire chuter le nombre des victimes sur les routes quand le nombre de tués décroît de façon significative depuis 1990, c'est-à-dire avant l'instauration du permis à points et l'installation des radars ? Pourquoi une telle opacité sur les profits des radars, pourtant révélée par de multiples rapports ? À l'évidence, les questions ne manquent pas sur un sujet où la transparence et la rigueur devraient pourtant être exemplaires.

1

Un peu d'histoire...

La longue route de la sécurité routière

En 2012, le permis à points soufflera ses vingt bougies. Souvenez-vous, c'était en 1992. Le 25 juin exactement.

Ce jour-là, un décret rend applicable une loi promulguée le 10 juillet 1989 qui inventait le « permis de conduire à points ». Une vraie révolution ! Elle a été dictée par une impérieuse nécessité : ne plus voir figurer la France dans le peloton de tête de l'hécatombe routière. Il est vrai que, malgré les diverses réglementations mises en place, le nombre des victimes sur les routes françaises, s'il n'augmente pas, plafonne alors autour des 10 000 morts... Il est grand temps d'agir efficacement, à l'instar de la République fédérale d'Allemagne : dès 1974, notre voisine d'outre-Rhin a, en effet, mis en place le permis à points. Ce faisant, elle a signé l'entrée de la « bagnole » dans une ère nouvelle.

L'âge d'or de l'automobile – quand la voiture était avant tout du plaisir et de la liberté – est bel et bien terminé.

En France, en 1992, l'institution du permis à points est aussi l'aboutissement d'une longue histoire de l'automobile, dans laquelle, depuis le début, liberté et sécurité se sont toujours disputé les commandes, avec plus ou moins de bonheur. Cette histoire a commencé lentement et discrètement – il y a plus d'un siècle – quand les premières voitures sont entrées dans le paysage de la société moderne. Elle s'est accélérée quand l'automobile a pris une place de plus en plus importante dans l'organisation sociale : longtemps considérée comme un outil indispensable de mobilité, elle a fini par devenir un véritable passeport d'insertion professionnelle et sociale.

En 1893, quand le permis de conduire fait sa première apparition en France, sous la forme d'un certificat de capacité pour la conduite, on ne compte pas plus de 1 700 voitures en circulation. Pourtant, il est déjà nécessaire de légiférer et d'imposer des limitations de vitesse : 20 à 30 km/h en campagne et 12 km/h en agglomération. Au-delà de ces limites, c'est la contravention assurée ! La première à en faire les frais en 1897 serait, dit-on, la duchesse d'Uzès. Elle avait également été la première femme à obtenir le fameux certificat de conduite. On rapporte qu'elle fut verbalisée alors qu'elle roulait à 15 km/h ! Vérité ou romance ? Allez savoir... Ainsi, dès le début, l'automobile, objet de séduction par excellence, est associée à la femme – l'une sublimant l'autre. Mais, dans le même temps, on n'hésitera pas à exclure les femmes du premier club automobile, qui sera fondé en 1897.

Même si l'automobile est à cette époque un luxe que seuls de très rares privilégiés peuvent s'offrir, des règles de « bonne conduite » vont être peu à peu édictées pour contrôler le trafic et limiter les débordements. Il est ainsi obligatoire à partir de 1896 d'inscrire bien visiblement à l'arrière de sa voiture le numéro qui lui a été attribué. Quelques années plus tard, en 1901, se mettra en place, sous la pression de l'opinion, le service de l'immatriculation des automobiles, afin d'identifier les auteurs d'accidents. Par ailleurs, le décret du 10 mars 1899 qui institue sur tout le territoire français le nouveau « certificat de capacité pour la conduite des automobiles », remplaçant le certificat de capacité rendu obligatoire à Paris par le préfet de police Louis Lépine en 1893, met en place de nouvelles règles. Le décret prévoit ainsi qu'un conducteur ayant écopé de deux contraventions dans une année peut se voir retirer son certificat de capacité par le préfet de son département. Il précise aussi qu'un conducteur doit rester maître de son véhicule et impose la vitesse maximale de 30 km/h en rase campagne.

Les vitesses des voitures de l'époque, ces Panhard, Voisin, Mathis et autres Dion Bouton, feraient pourtant sourire aujourd'hui. Elles roulent à peine plus vite que les véhicules hippomobiles, qui vivent leurs dernières heures et envoient leurs cochers au chômage. Il n'empêche ! L'automobile dérange, encombre les rues des villes et surtout elle fait peur.

Ce sont les accidents qui alimentent la polémique et suscitent déjà dans la presse et la population une vive émotion à laquelle les responsables politiques ne peuvent qu'être sensibles. Dans ce climat d'hostilité, s'élève néanmoins la voix de ceux qui entendent bien faire la différence entre automobilistes et chauffards. Cela ne vous rappelle rien ? Voici comment la *Revue du littoral*, dans une chronique en date du 5 mars 1902, stigmatise ces mauvais conducteurs : « Ils s'imaginent que la route leur appartient et que tout doit se ranger comme par enchantement à leurs appels de trompe précipités et impérieux. Piétons, voitures, charrettes lourdement chargées, moutons, chiens, poules, tout doit disparaître à leur vue [...]. Ce sont les chauffards qui font prendre l'automobile en haine. » Haro donc sur les fous du volant ! En parallèle, on se mobilise dans les premiers « comités de contentieux » pour défendre les conducteurs victimes d'une contravention mal fondée ! Évidemment, dans le camp adverse, on crie au scandale et on va jusqu'à demander aux constructeurs de renoncer à cette industrie nouvelle et dangereuse : l'automobile.

Dès 1909, le code de la route – qui ne verra le jour, dans sa version définitive, qu'en décembre 1958 – est dans les cartons. Les premières écoles de conduite ouvrent leurs portes en 1917. Quelques années plus tard, en 1922, le certificat de capacité pour conduire un véhicule prend le nom du sésame qui ne changera plus par la suite : permis de conduire. Bien peu le détiennent en

1927. Mais tous ceux qui l'ont en poche craignent de se le voir confisquer... Car la première mesure répressive – la suspension du permis – est du genre à calmer certaines audaces. Peu à peu se construit le premier arsenal de mesures tendant toutes à réduire le nombre d'accidents, à les prévenir et à sanctionner les comportements dangereux. Jusqu'aux années 1920, la circulation aux carrefours est réglée uniquement par les gestes des gardiens de la paix. Postés à pied ou à cheval, non seulement ils risquent leur vie mais leurs signaux ne règlent pas, loin s'en faut, les encombrements aux intersections. Heureusement, arrive la fée électricité. Elle va révolutionner le système de signalisation. Après Salt Lake City, Cleveland, New York et Detroit aux États-Unis, elle s'installe à Paris en 1923, où les premiers « feux de carrefour » sont mis en service au croisement de la rue de Rivoli et du boulevard Sébastopol. Les feux ne comportent alors qu'une seule couleur : le rouge. On ajoutera dans les années 1930 un feu vert pour indiquer aux conducteurs que le passage est libre ainsi qu'une sonnerie pour les avertir du changement de couleur. Toutefois, cette signalisation engendre de nombreux accidents. On invente alors un feu intermédiaire de couleur orange.

Au lendemain de la Seconde Guerre mondiale, on ne parle pas encore d'insécurité routière mais plutôt de prévention. La situation est préoccupante : le réseau routier est à refaire ; celui des autoroutes n'en est qu'à ses premiers balbutiements, avec le premier tronçon de la future autoroute de l'Ouest, inauguré en 1946, à peine plus long qu'une trentaine de kilomètres ; le parc automobile s'agrandit mais avec des véhicules peu fiables ; et le nombre des victimes de la route alarme les sociétés d'assurances et les professions de l'Union routière de France qui décident de créer, en 1945, l'association Prévention Routière.

Au fur et à mesure que l'automobile entre dans les foyers des villes et des campagnes, et se perfectionne, de nouvelles règles de conduite entrent en vigueur. Le code de la route avait fait bizarrement disparaître les limitations de vitesse, à l'exception de celle concernant la traversée des agglomérations. À partir de 1954, elles s'affichent de nouveau sur les routes. On ne peut plus rouler au-delà des 60 km/h dans les villes et les villages. L'assurance automobile, qui avait été imposée dès la fin des années 1930 pour les professionnels, devient obligatoire pour tous les conducteurs, en 1958.

À l'aube des Trente Glorieuses, en 1959, la conduite en état d'ivresse est sanctionnée. En fin de semaine, la vitesse est limitée à 90 km/h sur les routes qui emmènent familles et jeunes gens en balade. Parce qu'ils sont les premières victimes de la route, les jeunes « yé-yé » qui prennent le volant le vendredi soir sont dans le collimateur des gendarmes de la circulation : désormais, après l'obtention de leur permis de conduire, ils doivent attendre un délai d'un an avant d'avoir le droit de rouler à 100 km/h. Pour eux et pour tous les nouveaux conducteurs, un panneau « 90 » doit obligatoirement être apposé sur la vitre arrière du véhicule.

C'est en 1965 que l'on voit pour la première fois des automobilistes de tous âges et toutes conditions s'arrêter au bord des routes au signal des forces de l'ordre ou de la gendarmerie et sortir de leur voiture pour souffler dans le ballon. Alcootest, port de la ceinture obligatoire, interdiction d'installer des enfants à l'avant de la voiture : en quinze ans, entre 1960 et 1975, les nouvelles réglementations s'accumulent. Elles ne contribuent pas pour autant à réduire le chiffre des accidents mortels : 9000 en 1960, 14000 en 1975.

L'augmentation du nombre de victimes est hélas proportionnelle à la croissance de la circulation. Car le parc de voitures particulières est effectivement passé de 5 millions en 1960 à près de 16 millions en 1975. « Les Français aiment la bagnole ! » s'écrie en 1973 Georges Pompidou, l'un des présidents les plus « autophiles » de la Vᵉ République, grand amateur devant l'Éternel de voitures de sports décapotables. Cette équation entre le nombre des automobiles en circulation et celui des accidents mortels pourrait démontrer néanmoins que, à défaut d'une conduite exemplaire, les conducteurs ne sont pas tous des fous du volant. Mais peut-on s'en satisfaire ? Sûrement pas. D'ailleurs, le nombre de tués en France préoccupe sérieusement les responsables politiques, les assureurs et les industriels. Ils pensent que la réduction du nombre de morts sur les routes est possible et que l'insécurité routière n'est pas une fatalité.

Dans ce contexte fortement contrasté, l'année 1972 va réellement jeter un voile noir sur la sphère automobile et déclencher un signal d'alarme. C'est l'année la plus meurtrière. En réaction, la première campagne visuelle de la Prévention Routière n'y va pas avec douceur. Elle affiche et titre : « Mazamet, ville morte ». Sur les panneaux, la population de cette petite ville occitane est couchée sur le sol : 16 000 morts. Ils correspondent au nombre de tués cette année-là sur les routes de France. Le poids des mots, le choc des photos !

Du côté de la loi, la riposte frappe fort également. La lutte contre l'insécurité routière est engagée. Elle s'organise à partir de 1972 autour de la mise en place de nouvelles instances : le Comité interministériel de la sécurité routière (CISR) en 1972 avec à sa tête un(e) délégué(e) travaillant sous la présidence du Premier ministre et la délégation à la sécurité et à la circulation routière (DSCR) créée en 1982. Les limitations de vitesse passent de 110 à 90 km/h sur les routes à grande circulation. Elles sont suivies de nombreuses autres mesures, prises entre 1979 et 1990 : instauration du *bonus-malus* sur les primes d'assurance, seuil du délit d'alcoolémie passant de 1,20 à 0,80 gramme par litre, contrôle technique obligatoire, conduite accompagnée, ceinture de sécurité obligatoire pour tous les passagers...

Les associations des victimes de la route accompagnent cette riposte. Leurs membres et leurs représentants ont perdu des parents et des enfants dans des accidents de la route. Leurs proches ont été blessés ou handicapés à vie. Tous ont vécu un malheur irréparable qu'ils tentent d'adoucir et de dépasser en s'impliquant dans la défense des victimes et dans la prévention des accidents. Ils militent dans la lutte contre la délinquance routière et en faveur d'une répression plus sévère. Tel est le cas de Geneviève Jurgensen qui a fondé en 1983 la Ligue contre la violence routière, avec un objectif sans ambiguïté : épargner des vies. C'est une cause qu'elle n'a pas choisie mais qui l'a choisie, confie-t-elle dans un article publié dans une revue en juillet 2006 et intitulé : « Jusqu'où exiger la sécurité sur la route ? » Elle s'est engagée dans la lutte pour la sécurité routière, après la mort de ses deux fillettes. Après le décès de sa fille, percutée sur l'autoroute de l'Ouest, Christiane Cellier a créé en 1987 la fondation Anne-Cellier. Toutes deux ont été associées à tous les grands chantiers en gestation : livre blanc de la sécurité routière, délit d'excès de grande vitesse, alcoolisme au volant et permis à points... Bien d'autres associations verront le jour, regroupées ou non au sein de fédérations. Les panneaux « Plus jamais ça » se multiplient le long des routes. Des gerbes de fleurs posées aux carrefours ne marquent plus seulement le signe d'une commémoration d'anciens combattants morts au combat, elles témoignent aussi qu'il s'est passé ici et là un drame de la route, que des innocents ont été fauchés comme les blés. L'émotion, inévitablement, pèse sur les débats de la sécurité routière. La société tout entière étant concernée, le combat pour plus de sécurité est parfaitement légitime. Mais il ne va pas cesser d'être confronté à deux évidences : celle qui constate que le risque zéro n'existe pas et celle qui rappelle que la vie humaine n'a pas de prix.

Statistiquement, le résultat de toutes ces mesures, campagnes et actions est incontestable : le nombre d'accidents, malgré la croissance du nombre de véhicules en circulation, diminue ou stagne. Selon la Sécurité routière, entre 1985 et 1991 – c'est-à-dire juste avant le permis à points –, le nombre des victimes se situe dans une moyenne de 10 700 par an. C'est là une baisse significative par rapport aux années 1970. Mais, sur le plan international, ce chiffre ne constitue pas vraiment une référence. Les États-Unis mis à part, la France est de loin la plus mauvaise élève. Même l'Italie est plus vertueuse. C'est dire !

Le modèle allemand

Comment ne pas lorgner avec envie du côté de l'Allemagne ? C'est elle qui était le cancre de la sécurité routière en 1970 : 21 000 morts ! Mais voilà, au pays des Audi et Volkswagen, on a eu le courage de prendre de grandes décisions. Et ça marche ! En 1975, tout juste un an après la mise en place du permis à points, les résultats de nos voisins d'outre-Rhin impressionnent : 5 000 vies ont été sauvées. Mieux encore : ils réussissent à maintenir le cap. En 1985, le chiffre terrifiant de 1970 est divisé par deux. En 1988, les statistiques internationales annoncent 8 000 tués sur les routes allemandes et plus de 11 000 côté français. Outre-Rhin, la baisse se poursuit en 1991 : 7 500 tués. Si l'Allemagne a pu le faire, pourquoi la France ne le pourrait-elle pas ? Quant à l'exemplarité de la Suède, l'on n'ose pas en rêver : 800 morts en 1988 et même pas de permis à points !

C'est donc l'Allemagne qui va servir de modèle à la France. Dès la fin de 1988, une commission est réunie par le gouvernement Rocard pour « plancher » sur le sujet. Se retrouvent autour de la table les associations de victimes représentées par Christiane Cellier et Geneviève Jurgensen, le Monsieur Sécurité de l'époque, Christian Gerondeau, délégué à la Sécurité routière, et Claude Got, professeur d'anatomie pathologique à la faculté de médecine de Paris-Ouest, très actif dans le domaine et dont l'expertise a contribué à imposer l'obligation du port du casque et de la ceinture.

Un an plus tard, la commission conclut son *Livre blanc* en ces termes : « Une politique de sécurité routière est efficace quand elle réduit durablement le nombre de tués, de blessés et de handicapés. » C'est net et précis. Les chiffres sont implacables. La politique en la matière se doit de l'être au moins autant.

L'on peut compter sur Georges Sarre ! Cofondateur du parti socialiste à Épinay en 1971, il avait proposé à François Mitterrand de faire adopter par le Parti l'emblème qu'il porte depuis : le poing et la rose. Secrétaire d'État aux Transports dans tous les gouvernements de gauche entre 1988 et 1993, il choisit le poing pour mener la politique de sécurité routière. Il développe la conduite accompagnée à 16 ans, rend obligatoire le contrôle technique des automobiles, la ceinture de sécurité pour tous les passagers, déploie un grand chantier afin de transformer les carrefours dangereux en ronds-points. Il s'écrie en 1989 : « La liberté de circuler n'est pas la liberté de tuer ! Les comportements de conduite des Français doivent changer. » Combattre l'insécurité routière devient son cheval de bataille. Le permis à points est dans les tuyaux. Il va en devenir l'architecte.

Acte I : le permis à 6 points

10 mai 1989. Ce mardi-là à l'Assemblée nationale, ce n'est pas la célébration du bicentenaire de la Révolution française qui est à l'ordre du jour. Pourtant, il s'agit bien d'une révolution, celle qu'entend conduire le gouvernement contre la catastrophe routière. L'on examine le projet de loi soutenu par Michel Delebarre, le ministre des Transports, et par son secrétaire d'État, Georges Sarre. Ce projet doit instaurer le « nouveau sésame » : le permis à points.

Dans la version allemande, le permis de conduire compte 18 points. Le conducteur part de zéro et accumule les « mauvais » points à chaque infraction. Quand il atteint les 18 points, son permis est invalidé. La version française est inverse. Pour autant, le principe est identique : chaque titulaire d'un permis bénéficiera au départ d'un acquis de 6 points qui s'effaceront progressivement à chaque infraction grave ; à la disparition du dernier point, son permis sera automatiquement annulé. Il ne pourra le repasser que six mois ou un an plus tard. Toutefois, avant l'échéance fatale, les points perdus lui seront restitués s'il ne commet aucune infraction grave pendant trois ans.

Sur le fond, toutes appartenances politiques confondues, les députés saluent les vertus dissuasives et pédagogiques du permis à 6 points. Sur la forme, deux camps s'opposent déjà. Tout au moins, une réelle ligne de clivage apparaît : d'un côté, les tenants d'une politique de répression vigoureuse, la seule efficace à leurs yeux pour faire reculer l'hécatombe routière ; de l'autre, les partisans d'un système plus souple – ces derniers voulant éviter que les automobilistes aient le sentiment d'être piégés en permanence par un système répressif omniprésent, plus soucieux de l'application stricte de la règle que de son esprit. Ces « modérés » craignent aussi qu'un arsenal répressif trop lourd ne porte atteinte aux libertés individuelles, notamment au droit pour chacun d'aller et venir. Les « durs », eux, estiment que la première des libertés à protéger est le droit de vivre, c'est-à-dire de ne pas être tué par un « irresponsable » du volant.

Constat au deuxième jour des débats : le clivage s'est accentué. Certes, la veille, lors de la discussion générale, tout le monde s'était accordé sur l'importance du sujet. Tous dénonçaient le fléau. Mais adopter le texte de loi est une autre affaire. Et elle commence plutôt difficilement. Car l'opposition, alors constituée par les députés des partis de droite, RPR et UDF, souhaite adoucir le texte. Les discussions portent essentiellement sur deux aspects : le nombre de points du futur « permis à points » et la durée de la période pendant laquelle, après la perte de tous ses points, le conducteur se verrait interdire de repasser son permis annulé.

À la place d'un permis à points qui s'effeuille à chaque infraction, ils verraient bien un système de bonifications, sur le modèle de celles qui sont pratiquées par les compagnies d'assurances en faveur des conducteurs irréprochables... Quant à l'invalidation du permis en cas de perte totale des points, ils proposent d'en limiter la durée à six mois au lieu d'un an, et à trois mois pour les représentants de commerce, chauffeurs de taxi et forains. Au nom du respect des libertés fondamentales et du principe de la séparation des pouvoirs administratifs et judiciaires, les mêmes députés demandent également, avec véhémence, que soit retirée au préfet l'autorisation administrative de suspension du permis pour la restituer au seul juge. La procédure administrative n'est-elle pas susceptible de donner lieu à des applications injustes et différentes selon les départements et les personnes ?

En effet, le projet de loi du permis à points bouleverserait la donne des compétences des magistrats. Le système prévu pour gérer le retrait de points ne relèverait pas de la justice pénale. Ce ne serait plus le juge du tribunal de police qui déciderait de retirer ou non des points, mais le ministère de l'Intérieur, donc les préfets. Les juges n'auraient pas non plus la faculté d'apprécier la gravité de l'infraction ni ses circonstances. Si le projet de loi était adopté, la sanction deviendrait une mesure strictement administrative, une sanction automatique gérée par ordinateur, sans aucune intervention des magistrats des tribunaux de police. Ces derniers n'auraient plus qu'à appliquer la règle fixée pour le tarif des infractions et le barème de retrait des points dès que la condamnation serait définitive... c'est-à-dire dès le paiement de l'amende! Pour Philippe Vénère, ancien chef de la première division de police judiciaire de Paris, ce qui allait s'appliquer ne serait rien de moins que « le principe de la double peine ».

L'opposition de droite proteste, rejointe par un seul député socialiste. Pour autant, ses arguments ne font pas fléchir le gouvernement qui explique : « Pour être efficace, le permis à points doit être encadré par une procédure rapide. Il s'agit de faire face à l'urgence, frapper les consciences et changer les comportements des conducteurs... » Les discussions sont vives ce 11 mai 1989 dans l'enceinte de l'Assemblée nationale. Efforts vains, peine perdue. Le ministre Michel Delebarre et son secrétaire d'État, Georges Sarre, sont inflexibles. Au nom du principe de réalité, ils n'ont qu'une chose en tête : faire baisser au plus vite le nombre de tués sur les routes de France. Pour eux, seul le permis à points peut permettre d'y parvenir.

La gauche et la droite jouent à front renversé : ce sont les députés socialistes qui campent sur une position sécuritaire tandis que les élus de la droite et du centre pèsent de tout leur poids pour tenter de ménager les citoyens automobilistes et d'assouplir le dispositif.

Quant aux mesures concernant le renforcement des systèmes de sécurité à bord des véhicules, Georges Sarre les a renvoyées à une discussion ultérieure. Dommage ! Car c'est bien la seule proposition qui aurait pu, ce jour-là, bénéficier d'un consensus. De plus, la prise en compte de ces mesures aurait permis d'alléger la tonalité répressive du permis à points. De nombreux députés avançaient en effet que les évolutions technologiques avaient considérablement amélioré les performances des véhicules et épargné des vies. Ils proposaient donc d'aller encore plus loin : pourquoi ne pas installer, d'ici à 1991, un éthylotest dans chaque automobile et un dispositif sonore et lumineux en cas de dépassement de la vitesse maximale ? Ces aménagements, plaidaient ces mêmes parlementaires, étaient susceptibles d'aider les conducteurs à appliquer ces nouvelles règles dans la douceur et surtout ne pas risquer tous les jours d'effeuiller leur permis comme un joueur à la table d'un casino le contenu de son portefeuille...

Les éthylotests dans chaque voiture ? Impensable, rétorque Georges Sarre. L'industrie française, explique-t-il, serait incapable de faire fabriquer, dans les délais, les appareils adéquats pour 26 millions de véhicules. Mais il promet qu'ils seront installés prochainement dans tous les lieux publics où l'on consomme de l'alcool. Le dispositif d'alerte de dépassement de vitesse ? Toutes ces mesures de sécurité à bord des véhicules feront l'objet de négociations au plan européen, promet-il encore... La bataille est rude et les promesses cherchent à rendre la potion moins amère. Au fait, les promesses ont-elles été tenues ? Il semble bien que non.

Le projet de loi est finalement adopté ! La gauche – PS et UDC – a voté pour. La droite – RPR et UDF – et le parti communiste se sont abstenus. Un seul amendement au projet a été retenu : il pourrait abaisser d'un an à six mois le délai durant lequel le conducteur contrevenant se voit interdire la conduite après la perte de son dernier point. La révolution est en marche, mais elle n'a pas encore gagné. Il faut attendre l'avis des sénateurs, qui sera suivi du réexamen du projet de loi par l'Assemblée nationale. Ce dernier rendez-vous est fixé pour le mois de juin.

Le débat agité du 11 mai 1989 s'achève dans l'émotion. S'élevant au-dessus des querelles, un député UDC, touché personnellement par un drame de la route, insiste d'abord sur l'effort à fournir en matière de formation et d'éducation à la prévention, puis conclut par ces mots : « De l'adoption de ce texte, le Parlement sortira grandi. Car elle permettra de sauver des vies humaines. Et d'éviter des peines indicibles. »

Acte II : un permis à 6 points... ou à 12 points ?

Sauver des vies humaines, qui ne le souhaite pas ? Les députés opposés au permis à points ont plutôt posé cette question : « Jusqu'où peut-on pousser l'exigence de sécurité sur la route ? » Autrement dit, comment faire diminuer le nombre de victimes sur les routes sans prendre tous les automobilistes à la gorge ni les mettre tous dans le même panier ? Le ministre Michel Delebarre a eu beau rappeler qu'un permis auquel il manque quelques points n'est en rien diminué, seulement « fragilisé », il n'a guère rassuré les réfractaires. Si bien que la commission mixte paritaire – rassemblant députés et sénateurs –, constituée pour élaborer un texte commun aux deux assemblées, a échoué.

Le mardi 27 juin 1989, l'Assemblée nationale semble donc reprendre le même débat que celui qu'elle avait entamé le 10 mai précédent. On s'attend à un dénouement identique. Sauf que les coups de théâtre peuvent parfois se produire ailleurs que sur une scène artistique… Dans l'après-midi, sur le scène et les fauteuils de la Chambre des députés, il s'en joue un de taille, rondement mené par les opposants du permis à points version Georges Sarre. Ces députés opposés au projet réussissent à introduire et à faire voter contre l'avis du gouvernement un amendement surprise qui modifie considérablement le nombre de points du futur permis de conduire. À la faveur de cet amendement, au lieu de 6 points, voilà ce permis qui valse à 12 points ! Tout de même, ces hommes politiques, quels artistes ! Piégé, le gouvernement enrage mais ne veut rien céder : « Si on commence à aller chercher des petites compréhensions par-ci, des petites facilités par-là, c'en est fini, on abandonne la route et son triste bilan ! » C'est ce que dit le ministre, qui poursuit son raisonnement en ces termes: « Lorsque les comportements des conducteurs auront changé, il conviendra de réfléchir à la modification des réglementations. Toute autre attitude serait un aveu de faiblesse et la faiblesse coûterait cher en vies humaines. » Certains députés n'oublieront pas cette promesse...

Voilà donc le gouvernement contraint d'utiliser la parade du vote bloqué sur l'ensemble du texte pour faire disparaître l'amendement des opposants dont il ne veut absolument pas ! Cette pratique est un procédé prévu par la Constitution. Il permet au gouvernement de demander à l'Assemblée de se prononcer par un seul vote sur tout ou partie d'un texte en discussion, en ne retenant que les amendements proposés ou acceptés par lui. Le permis à 12 points n'aura-t-il vécu que le temps de cette séance parlementaire ? L'Histoire le dira bientôt...

Mais quel camp l'emportera sur la question du délai après lequel le conducteur qui aura perdu ses points et son permis pourra repasser l'examen ? Devra-t-il attendre six mois ou un an ? L'affaire est au cœur de cette séance du mois de juin 1989. Le gouvernement entend bien faire adopter le délai de douze mois. Sa logique est toujours la même: il faut provoquer une prise de conscience chez les conducteurs. Il faut donner au permis à points un effet dissuasif maximal: « Cette sévérité est la condition du fonctionnement du système ; elle ne s'appliquera qu'aux conducteurs qui commettent des infractions graves de façon répétée. »

La sévérité gouvernementale exaspère, ses explications paraissent contradictoires. En vérité, de nombreux députés pensent que le système proposé vise tout autant les automobilistes commettant des petites infractions que les chauffards récidivistes ! Ont-ils tort ? Et si l'avenir leur donnait raison ?

Sur la question du délai entre la suppression du permis et le droit de se représenter devant l'examinateur d'une auto-école, l'ensemble des députés semble avoir déjà tranché : pour eux, il n'est pas question, comme le gouvernement le souhaite, que ce délai s'étale sur un an. Pour eux comme pour les sénateurs, un délai d'un an est trop long, trop répressif : ce mardi 27 juin 1989, à l'unanimité, les 577 députés qui composent l'Assemblée nationale votent contre la proposition du gouvernement. Ils imposent un délai de six mois. Ce qui leur paraît bien assez répressif.

Ce jour-là, dans le jargon législatif, a été adopté « le projet de loi relatif à diverses dispositions en matière de sécurité routière et en matière de contraventions ». Mais, pour le ministre des Transports et pour Georges Sarre, son secrétaire d'État, c'est bien « le nouveau permis de conduire », capable d'éradiquer l'exception française de la mortalité routière, qui vient d'être voté. Il n'en reste pas moins que le résultat du scrutin – 319 voix pour et 230 voix contre – montre que le texte reste largement controversé...

La toute nouvelle loi instaurant le permis à 6 points est inscrite dans le droit français le 10 juillet 1989 sous le n° 89-469. Mais il y a loin encore de cette loi à son application, pensent sans doute nombre de Français, tout occupés qu'ils sont à se préparer pour les fêtes du bicentenaire de la Révolution française. Les plus chanceux espèrent bien trouver une place de choix sur les Champs-Élysées pour assister au défilé conçu, réalisé et mené tambour battant par Jean-Paul Goude, graphiste et publicitaire. Moins heureux sont ceux qui ont déjà réalisé qu'ils vivront bientôt dans la crainte de perdre leur permis de conduire. Il est des révolutions qui sont moins exaltantes que d'autres!

En attendant le fichier informatique...

Car, ces Français-là l'ont bien compris: désormais, non seulement ils seront pénalisés par des amendes pour les infractions qu'ils commettront, mais, en plus, mises bout à bout, les sanctions de leurs petites inattentions finiront par leur faire perdre leur permis. Suspendue au-dessus de leur tête comme une épée de Damoclès, cette perspective les fera sans doute réfléchir à deux fois avant de franchir une ligne blanche... Pour l'instant, dernier répit, ils attendent la mise en place d'un système qui – ils vont bientôt l'apprendre – ne peut fonctionner que sur la base d'un fichier des permis de conduire... qui n'existe pas! Pas encore. Théoriquement, le dispositif devrait être appliqué en 1991, le temps de permettre au ministère de l'Intérieur de constituer le fichier en question. Le 19 décembre 1990, une deuxième loi vient enrichir celle du 10 juillet 1989, en autorisant notamment le traitement informatisé du futur fichier des permis à points.

Mais, à l'été 1991, le fameux fichier informatique n'est toujours pas établi. Annoncé ensuite pour le 1er janvier 1992, il n'est pas prêt non plus à cette date. Il faut dire que le ministère de l'Intérieur a péché par optimisme : 33 millions de permis de conduire ne s'informatisent pas en un tour de main ! De surcroît, entre la sécurité routière et la surveillance de l'immigration clandestine, le ministère a choisi de constituer d'abord un fichier informatisé des étrangers en situation irrégulière. On ne peut pas tout faire à la fois, surtout dans une période de restriction budgétaire. Du fait de la priorité donnée à ce fichier des immigrés « illégaux » surnommé « Éloi » (comme « éloignement » !), le permis à points s'éloigne pour quelque temps encore du champ de vision des conducteurs...

Georges Sarre, le secrétaire d'État aux Transports, tempête-t-il contre ce retard ? Il le pourrait. Apparemment, il n'affiche aucune inquiétude. Mieux, au printemps 1992, il se déclare rassuré par les chiffres de l'année 1991. Une bonne nouvelle, en effet : 9 617 personnes « seulement » ont été tuées dans des accidents de la circulation. On est enfin passé sous le seuil des 10 000. Ou plutôt repassé, puisque la France retrouve là des résultats similaires à ceux de 1960 alors que la circulation, elle, a entre-temps été multipliée par quatre. Par rapport à l'année 1990, 672 vies ont été sauvées et près de 20 000 blessés épargnés.

Le secrétaire d'État s'en félicite et explique cette diminution par le long travail entrepris depuis 1972, année noire s'il en fut, et par les récentes mesures : la réduction de la vitesse à 50 km/h en ville et l'obligation du port de la ceinture de sécurité pour les passagers des places arrière. Mais, attention ! il n'invite pas les automobilistes à s'en satisfaire et à relâcher leurs efforts. Pas encore de quoi pavoiser, quand nos voisins britanniques ne déplorent « que » 6 500 morts et nos amis allemands 8 550 ! Aussi a-t-il décidé que quinze voitures banalisées équipées de radar sillonneront les routes de France pendant tout l'été 1992... En fait, Georges Sarre ne se fait pas trop d'illusions : même si le bilan de l'année 1991 confirme une tendance amorcée à la fin de l'année 1990 et concerne l'ensemble du réseau routier, le succès est modeste et fragile. Il n'y a pas là de quoi triompher. Quant aux automobilistes, ont-ils déjà changé de comportement avant même que le permis à points n'ait été mis en place ? Certains en doutent.

Acte III : l'entrée en vigueur du permis à points

Georges Sarre n'a pas tort d'être modérément satisfait. Si la baisse du nombre des victimes se poursuit pendant les premiers cinq mois de l'année 1992, elle ne concerne plus que la circulation en agglomération. « L'effet en rase campagne a disparu », se désole-t-il.

Le permis à points entre finalement en vigueur le 1er juillet 1992. Tout est prêt : le barème des coûts des infractions et le fichier informatique. Malgré la protestation des magistrats, la gestion des données a été confiée au ministère de l'Intérieur. Le gouvernement affiche une volonté pédagogique. L'objectif est d'éviter sinon l'infraction, au moins sa récidive. Les sanctions doivent retentir comme autant d'avertissements et inciter le conducteur à adopter un comportement prudent. Une sonnette d'alarme, en quelque sorte ! « L'enjeu est bien sûr celui de la vie », rappelle Georges Sarre au mois de mai 1992, reprenant à son compte une formule du président de la République, François Mitterrand.

Mais déjà les conducteurs font entendre leurs premières critiques. Pour eux, le dispositif est avant tout une atteinte aux libertés individuelles. Ils protestent également contre une sorte de « nouvelle taxe » qui va les frapper. Et ont le sentiment que la répression a été préférée à la prévention...

Comment cela va-t-il se traduire concrètement ? Trois ans se sont écoulés depuis le vote de la loi et les automobilistes ont presque fini par en oublier les principes. Ils sont simples : à chaque fois qu'un conducteur « se fait prendre » par les forces de l'ordre pour non-respect des règles du code de la route, le paiement d'une amende forfaitaire est assorti d'un retrait de points de son capital – ce, proportionnellement à la gravité de son infraction. Si une nouvelle infraction à la loi entraînant un retrait de points intervient dans un délai inférieur à trois ans, elle ampute de nouveau le capital des 6 points. Une fois que le capital initial de points du conducteur est épuisé, il perd son permis et doit le repasser. Mais il lui faudra attendre six mois avant de se présenter de nouveau devant l'examinateur. Voire un an... si le capital a déjà connu le point mort au cours des cinq années précédentes.

Pour certains conducteurs, les plus avantagés, ceux qui habitent dans la capitale (ou au cœur d'une grande ville) et n'ont pas besoin de leur voiture pour aller travailler, la nouvelle réglementation du permis à points sera peut-être une belle occasion de se désaccoutumer de leur véhicule. Et de prendre en marche le train de l'écologie et du collectif Adieu voiture, bagnole, tire, tacot, guimbarde et chignole ! Avec un seul mot d'ordre : « Voiture, attention danger ! » Ça pue, ça pollue, ça bouchonne, ça coûte cher, ça tue, ça blesse et ça augmente « le trou de la Sécu ». S'abstenir de conduire serait sans doute la bonne solution : une résolution salutaire et piquée au coin du bon sens.

Alors que l'autre solution, celle de ceux qui n'ont pas le choix et qui sont obligés de prendre le volant – donc de conduire « sous le règne » du permis à points –, cette solution-là repose sur une ambition quasiment impossible à réaliser : adopter un comportement irréprochable et ne commettre aucune infraction ! Comment envisager un pareil exploit ?

Il est vrai que l'on n'imagine pas prendre l'avion en n'ayant pas toutes les certitudes d'une parfaite sécurité. Il reste que, malgré tout, les accidents aériens surviennent. Certains en ont tellement peur qu'ils ne voyagent jamais en avion.

Avec la démocratisation de l'automobile – devenu secteur clé de l'économie –, aura-t-on oublié de prévenir le conducteur: entrez dans votre voiture comme un pilote dans sa cabine?

L'ambition du « zéro faute » a d'ailleurs semblé une tâche si difficile au législateur qu'il a prévu des « séances de repêchage » pour que les conducteurs puissent récupérer leurs points perdus: deux jours assidus à un stage de sensibilisation à la sécurité routière permettront de « regagner » quatre points. Mais l'on ne pourra participer à ces stages salvateurs que tous les deux ans! Et il en coûtera près de 300 euros à chaque fois.

Le 1er juillet 1992 est une date mémorable. Le « démarrage » du permis à points coïncide avec le départ en vacances de millions de Français. On ne pouvait mieux choisir! Avant la grande transhumance, certains conducteurs avaient pris leurs précautions: ils avaient revu leur code de la route. D'autres s'étaient réunis en famille pour distribuer le rôle que chaque passager aurait à tenir pendant le trajet. Qui surveillerait les panneaux de limitation de vitesse et qui les changements de direction...? Vaine anticipation! Dès l'aube, les autoroutes se révèlent impraticables, fermées ou paralysées; et les automobilistes, vacanciers ou non, se retrouvent coincés. La raison en est simple: réactifs, organisés, les chauffeurs routiers manifestent contre le permis à points. Sur tout le territoire, ils bloquent les grands axes du réseau routier en organisant de spectaculaires opérations « escargot ».

À Paris, se succèdent les réunions au sommet entre responsables politiques. Ils sont tous aux commandes, du Premier ministre au ministre de l'Intérieur, en passant par celui de l'Équipement et par le secrétaire d'État, notre architecte du permis à points. Il est nécessaire d'être « ouverts à toutes les propositions pour une application intelligente du permis à points », concède Jean-Louis Bianco, le ministre de l'Équipement et des Transports d'alors. Georges Sarre, lui, reste ferme : la loi n'est pas renégociable. Mais force est de constater que, dès les premiers jours de sa mise en application, certains doutent déjà – ou encore – de l'intelligence du système du permis à points. Et d'aucuns, qui prévoyaient qu'il serait dénoncé comme une construction injuste, voient leurs craintes se confirmer.

Après un second mouvement de grève en novembre 1992, les chauffeurs routiers obtiennent deux aménagements spécifiques, consacrés par leur convention collective nationale. D'une part, ils pourront demander une autorisation d'absence à leurs employeurs pour suivre un stage de récupération de leurs points perdus. D'autre part, pour eux, ces stages seront gratuits, grâce à un fonds spécial dit « Permis sécurité », géré par l'Association pour le développement de la formation dans les transports : il prendra en charge la rémunération du chauffeur routier pendant la durée du stage et son coût. De même, en cas d'invalidation du permis, ce fonds financera partiellement la préparation des chauffeurs routiers au passage d'un nouvel examen.

Acte IV : le permis à 12 points

Néanmoins, les résultats sont là : en juillet et août 1992, 300 vies ont été épargnées et 4000 blessés évités. Le gouvernement ne cache pas sa satisfaction. Le permis à points est un outil qui fonctionne, un remède à la catastrophe routière. Malgré les protestations des magistrats, des conducteurs et des chauffeurs routiers, c'est le meilleur résultat depuis 1956, année de l'apparition des statistiques sur la circulation. Alors, on se demande bien pourquoi, avec de tels résultats, le gouvernement annonce, le 25 septembre 1992, un assouplissement de la réglementation... à peine trois mois après son entrée en vigueur !

C'est sans doute parce que la loi du 10 mai 1989 instaurant le permis à 6 points prévoyait aussi que le Parlement se pencherait sur ses effets dans les six mois de sa mise en place. Une commission devait en faire le bilan et proposer des orientations précises, voire d'éventuels ajustements ou des modifications.

Les six mois ne sont pas encore écoulés, loin s'en faut, mais Jacques Roché, le président de la commission, qui a entendu toutes les parties à partir du 16 juillet 1992 et recueilli toutes les critiques, observations et suggestions, a déjà rendu son rapport d'étape. Le ministre et son secrétaire d'État ont retenu ses propositions. Le permis à 6 points est donc modifié en septembre 1992, quelques mois après son application.

Premier grand changement : le nombre de points passe de 6 à 12, ainsi que l'avaient proposé en force mais en vain, on s'en souvient, les députés de droite, le 27 juin 1989, lors du vote du projet de loi. D'autres modifications concernent le barème des retraits de points pour certaines infractions. Il s'agit notamment de moduler les sanctions appliquées aux excès de vitesse. Ainsi, pour un dépassement de 0 à 20 km/h, il n'en coûtera aux conducteurs qu'un seul point ; entre 20 et 30 km/h, le dépassement sera puni d'un retrait de 2 points ; de 30 à 40 km/h, 3 points ; et, au-delà, le conducteur s'en verra retirer 4. Enfin, les conducteurs possédant le permis depuis plus de trois ans n'auront plus à repasser l'examen en cas d'invalidation de leur permis ; ils devront, toutefois, se soumettre avec succès à un examen médical et psychotechnique, passer une épreuve théorique générale de conduite et participer à un entretien sur les facteurs de risques en matière de circulation routière. La dernière modification concerne l'instauration d'un retrait de points pour le chevauchement d'une ligne continue et pour le maintien considéré comme dangereux des feux de route.

Les opposants au permis à points les plus virulents applaudissent-ils ? Pour la première fois, ils ont l'impression d'avoir été entendus. Mais, en même temps, ils déplorent que ces modifications aient été décidées dans une certaine précipitation. De là à penser que le gouvernement a fait voter avec vigueur, quelques mois auparavant, un texte dont il connaissait les failles et les dysfonctionnements, il n'y a pas loin. De là à conclure que d'autres motivations, moins légitimes, étaient également à l'œuvre dans l'instauration du permis à points, ils n'osent pas encore y songer. Pourtant, certains commencent à suggérer qu'un des objectifs gouvernementaux inavouables serait peut-être d'utiliser le permis à points pour... abonder les ressources d'un tiroir-caisse au fond sans fin !

Quant aux partisans d'une répression plus sévère – qui avaient soutenu avec énergie le permis à points –, ils n'en reviennent pas de ce changement intervenu si vite après la mise en place de la nouvelle réglementation. Pour eux, ces mesures constituent une reculade et se traduiront par un vent mauvais : le retour à des chiffres désastreux de morts et de blessés.

Le « permis probatoire » : un permis à l'essai

Ce ne sera pas le cas. De 1992 à 2003, les chiffres de la mortalité sur les routes françaises ne cessent de diminuer : ils passent de 9601 à 6059 victimes. Mais un problème demeure : les jeunes entre 18 et 24 ans, qui ne comptent pourtant que pour 10 % de la population, représentent en revanche plus de 30 % des tués de la route. Certains départements mènent alors des opérations de sensibilisation et affichent l'âge de ces jeunes victimes sur le bord des routes. En novembre 2003, et notamment lors du week-end de la Toussaint, l'un des plus meurtriers, les Français en balade ont la surprise de rencontrer sur leur chemin d'inquiétantes « silhouettes noires » : elles rappellent qu'un accident s'est produit à cet endroit et qu'il a touché un jeune. Les images choquent. Tel est le vœu de Jacques Chirac qui, à partir de 2002, a fait de la sécurité routière une de ses grandes priorités.

Aussi, au mois de juin 2003, une loi supplémentaire vient-elle marquer une nouvelle étape dans la responsabilité des conducteurs, comme le précise Gilles de Robien, ministre des Transports du moment. Il s'agit du « permis probatoire ». Entrant en vigueur le 1er mars 2004, il concerne à la fois les néophytes – ceux qui viennent de décrocher le sésame – et les « mauvais » conducteurs – ceux dont le permis à 12 points a été invalidé. Ce qui permet au ministre de prétendre que le permis probatoire « ne stigmatise personne » mais « nous concerne tous ».

Avec cette nouvelle réglementation, le permis de conduire devient encore un peu plus « provisoire à vie » ! Le ministre, d'ailleurs, ne le cache pas : « Nouveaux conducteurs ou conducteurs habitués doivent réaliser que leur permis est fragile, précieux comme de la porcelaine ou du cristal... à l'image de leur vie. »

En fait, c'est bel et bien le permis à 6 points qui fait son retour ! Car, par « permis probatoire », il faut entendre « permis doté d'un capital réduit de moitié ». Aux jeunes ou aux moins jeunes, on ne donne en quelque sorte qu'un « permis à l'essai ». Pendant trois ans – seulement deux dans le cas d'un jeune conducteur ayant bénéficié de la conduite accompagnée –, ils devront se tenir à carreau... 6 points sont un tout petit capital qui peut se perdre très vite !

Vingt ans après : le système du permis à points se dérègle

Il n'est pas contestable que le permis à points a sauvé des vies. En vingt ans, de 1989 à 2009, les chiffres de la mortalité ont baissé de plus de 50 %. Ces résultats ne s'expliquent pas seulement par la mise en place de cette nouvelle réglementation. Ils découlent aussi d'une politique très offensive d'installation de radars automatiques, menée à partir de 2003. La fameuse « peur du gendarme » doublée par la crainte de perdre son permis de conduire semble constituer un cocktail efficace. En témoigne la très forte augmentation du nombre des points retirés au fil des ans : 2,8 millions en 1998 ; 7,4 millions en 2005 ; 8,3 millions en 2006 ; 9 millions en 2009.

Présenté à l'origine comme un outil pédagogique, le système était théoriquement destiné à ne toucher que les 5 % de la population considérée comme « criminogène récidivante » – c'est ainsi que la nomme Laurent Hecquet, délégué général de l'association 40 millions d'automobilistes. En réalité, il pénalise tous les conducteurs, sans distinction ! La majorité d'entre eux n'en peut plus de payer pour l'infime partie des conducteurs « malveillants et dangereux ».

En effet, la plupart des accidents sont liés à une conduite sous emprise de l'alcool, de la drogue, de la fatigue et sont dus aux grands excès de vitesse. Or, les grands excès en question, de l'avis même de l'Observatoire national interministériel de la sécurité routière (ONISR), sont continuellement en baisse. Force est donc de constater que 80 % des infractions entraînant un retrait de points concernent de petits excès de vitesse ! Ainsi, le système semble devenir fou, quand il devrait être préventif... Pour le député UMP Jacques Myard, « garder ou non son permis relève aujourd'hui du jeu du hasard et de la nécessité, lié au risque d'être contrôlé ». Ceux qui utilisent leur voiture pour exercer leur profession sont évidemment la première cible des contrôles.

Il n'est pas nécessaire d'être un expert pour comprendre que le « contrôle sanction automatisé » (CSA) mis en place est une machine administrative, un robot qui ne fait pas de détail. Et il n'est pas besoin d'être « un grand délinquant routier » pour voir son permis se réduire comme peau de chagrin. Un exemple : un conducteur qui, en trois ans, aurait oublié à quatre reprises de mettre sa ceinture de sécurité... verrait son permis invalidé pendant six mois ! Certes, ce conducteur est négligent. Mais est-il juste de lui retirer son permis au risque de lui faire perdre son travail ? Les critères des sanctions et leur « tarif » sont également discutables. Ainsi, est-il justifié qu'un chevauchement d'une ligne continue coûte un seul point alors que l'oubli de la ceinture de sécurité en fait perdre trois ?

Et ne conduit-on pas en prenant, consciemment ou non, des risques de façon permanente ? Quand on bavarde avec ses passagers, quand on fait taire les enfants qui chahutent à l'arrière, quand on se mouche, quand on éternue, quand on cligne des yeux, quand on change de station de radio ou quand on insère un nouveau CD – autant de gestes qui font chuter l'attention d'un conducteur –, n'a-t-on pas une conduite « risquée » ? Alors, si l'on veut pousser la répression jusqu'à l'absurde, pourquoi ces risques-là ne seraient-ils pas sanctionnés au même titre que celui d'utiliser son téléphone au volant ?

Déploiement de radars fixes et mobiles sur tout le territoire, permis à points, traitement automatisé : ce sont là autant de moyens répressifs, utilisés hors de tout contrôle des magistrats, qui font de chaque automobiliste un délinquant potentiel, un meurtrier en puissance et un futur conducteur sans permis… qui prendra peut-être l'initiative dangereuse de rouler sans le précieux sésame. Plus de 90 000 suppressions de permis ont été instruites en 2009 et plus de 43 000 conducteurs ont été interpellés conduisant sans permis. L'ONISR évalue le nombre réel de ces derniers à 300 000. Le Fonds de garantie automobile estime qu'ils pourraient être en réalité 1,5 million. Ce comportement transgressif, longtemps marginal, constitue un véritable phénomène de société. Quant au nombre des personnes qui suivent un stage de sensibilisation à la sécurité routière (pour récupérer quelques points), il ne cesse d'augmenter : ils étaient plus de 200 000 en 2009.

Bref, le système se dérègle, produit des effets pervers et entraîne une multiplication des pratiques illicites.

Acte V : un léger assouplissement

Conséquence : la France grogne. Ne pouvant continuer à faire indéfiniment la sourde oreille, le ministère de l'Intérieur a tenté d'apaiser le mécontentement en publiant en avril 2010, dans tous les journaux de l'Hexagone, quatre pages d'information afin de « faire le point sur le permis à points ». De son côté, le médiateur de la République, Jean-Paul Delevoye, a réclamé pour les automobilistes un « traitement équitable », c'est-à-dire un traitement contrôlé et garanti par un procureur national pour la sécurité routière. Et c'est de ce ras-le-bol et de ce problème de société que quelques parlementaires se sont fait l'écho, notamment le député des Bouches-du-Rhône, Bernard Reynès, et celui des Yvelines, Jacques Myard. Ils ont présenté en mai 2009 une proposition de loi cosignée par 120 de leurs collègues, visant « à supprimer le retrait de points du permis de conduire pour les petites infractions et soumettre l'opportunité de l'annulation du permis de conduire en cas de solde nul à l'autorité administrative ».

Après bien des atermoiements, leur initiative législative a fini par entrer en discussion. Certains n'ont pas oublié combien les débats en 1989 furent rudes. Ils ne vont pas l'être moins le 16 décembre 2010. Avec une différence notoire : cette fois, les critiques s'appuient sur presque vingt années de pratique du permis à points. L'exaspération des automobilistes français se joue en dernière séance sur la scène parisienne de l'Assemblée nationale, avec pour acteurs principaux les parlementaires. L'on y examine la « Loppsi 2 » – la deuxième loi d'orientation et de programmation pour la performance de la sécurité intérieure – et notamment un article introduit et adopté en septembre par les sénateurs censé mettre un peu de tolérance dans le système du permis de conduire à points...

Que proposent les sénateurs ? Ils veulent réduire les délais nécessaires pour reconstituer les points perdus des permis de conduire. Dans les cas où le conducteur a commis une infraction entraînant la perte d'un seul point, on pourrait le lui rendre dans un délai de six mois au lieu d'un an (à condition qu'aucune autre infraction n'ait été commise pendant ce délai). Quant à la totalité des 12 points, le délai de restitution pourrait être ramené à un an au lieu de trois ans (à condition qu'aucune infraction n'ait été commise pendant cette période). Les ténors de l'UMP, Xavier Bertrand et Jean-François Copé en tête, défendent les propositions des sénateurs – leur objectif étant de répondre à la préoccupation de citoyens s'estimant exagérément punis pour des fautes légères. Autre amélioration proposée : les automobilistes pourraient suivre un stage de sensibilisation routière (permettant de récupérer des points perdus) chaque année et non plus tous les deux ans. Ces nouvelles dispositions ont de quoi mettre du baume sur les permis en mal de points.

Mais la messe n'est pas dite ! Car, en coulisses, la loi est délibérément orientée vers le maintien d'une méthode répressive. Le dossier a fait l'objet de plusieurs réunions d'arbitrage, certaines en présence du chef de l'État qui se refuse à tout « message laxiste ». La potion sera donc plus amère qu'annoncée et les attentes des automobilistes probablement déçues. Si la version du Sénat, jugée « trop permissive », n'est pas acceptée, par quelle « solution plus réaliste » va-t-elle être remplacée ?

Dans ce dernier round qui se joue à l'Assemblée nationale, ce jeudi 16 décembre 2010, les positions véhémentes des tenants de la tolérance semblent être un juste reflet du malaise, pour ne pas dire de la colère, des automobilistes. Au point que le député Jacques Myard, paraphrasant Georges Pompidou en 1966, lance dans l'hémicycle un tonitruant « Arrêtez d'emmerder les Français » ! Il dénonce un « système complètement imbécile », une « sorte de guillotine » coupant la tête du conducteur lambda. « Bien sûr, il faut sanctionner les chauffards et garder le permis à points, martèle-t-il, mais être flashé à 56 km/h dans des cas où il n'y a pas de danger, cela devient parfaitement imbécile ! Nos concitoyens ont le sentiment d'être sanctionnés de manière injuste. » Jacques Myard n'est pas le seul sur les bancs de l'Assemblée à faire front. Plus de 100 parlementaires, les députés Claude Bobin, Philippe Goujon, Bernard Reynès et d'autres (tous ceux qui avaient cosigné en 2009 la proposition de loi demandant une semi-tolérance pour les infractions légères), l'accompagnent pour déplorer « ce sentiment de chasse aux automobilistes qui s'est insinué dans notre pays ». Ils réclament que l'on cesse enfin de « traiter les Français comme des enfants ».

En fermant les yeux, l'on pourrait se croire dans un dîner familial où chacun y va de sa mésaventure routière... Mais l'Assemblée nationale ne fait que bien répondre à sa mission : représenter le peuple français.

Résultat : après bien des batailles, et contre l'avis du chef de l'État, du gouvernement et des associations de lutte contre la délinquance routière, les parlementaires favorables à un assouplissement l'emportent quand même – mais en partie seulement. Les réfractaires, eux, condamnent un « excès de vitesse parlementaire », comme le titre une chronique qui paraît dans *Le Monde* du 1er février 2011.

Que prévoit cette énième réforme du permis à points ? Loin de bouleverser les principes du système, elle procède seulement à un timide assouplissement des règles. Elle réduit notamment les délais pour recouvrer les points perdus dans le cas de certaines infractions coûtant le retrait d'un point. Cela s'applique aux excès de vitesse inférieurs à 20 km/h, à l'usage du téléphone portable et au chevauchement d'une ligne continue seule ou d'une ligne qui n'est pas doublée d'une ligne discontinue du côté de l'usager. Les conducteurs coupables de ces infractions pourront récupérer ce point dans un délai de six mois au lieu d'un an auparavant (à condition qu'aucune autre infraction entraînant un retrait de points n'ait été commise pendant ce délai). La réforme permettra aussi aux conducteurs de retrouver leur permis intégral à 12 points à l'issue d'un délai de deux ans au lieu de trois ans (à condition qu'aucune nouvelle infraction pendant ce délai ne soit commise). Cependant, le délai de récupération reste fixé à trois ans en cas d'infraction ayant entraîné une contravention de type 4 et 5. Enfin, l'automobiliste aura désormais le droit d'effectuer chaque année un stage de sensibilisation à la sécurité routière, lui permettant de récupérer 4 points au lieu de devoir attendre un délai de deux ans selon l'ancienne formule du permis à points.

Bien sûr, ces parlementaires engagés dans la défense du « pauvre automobiliste » – celui qui est harcelé par les radars et la maréchaussée, celui qui est privé du permis de circuler pour des étourderies sans conséquence – ne vont pas manquer d'être taxés de populisme. Mais ne fallait-il pas les écouter et considérer qu'une loi qui engendre tant de mécontentements peut s'avérer être une mauvaise loi ? « En réduisant le temps de récupération des points perdus pour les petits excès de vitesse et les fautes vénielles, ces nouvelles mesures vont ainsi permettre d'éviter de fragiliser trop fortement de très nombreux permis de conduire et de limiter les invalidations qui placent les personnes concernées en très grande difficulté sociale », plaide l'association 40 millions d'automobilistes, depuis longtemps favorable à un assouplissement.

Pour autant, le permis à points ainsi modifié – véritable « pivot du dispositif de sécurité routière », selon l'expression de Brice Hortefeux, alors ministre de l'Intérieur – est-il la porte ouverte à tous les laxismes ?

« Non, sûrement pas », affirme Laurent Hecquet, délégué général de 40 millions d'automobilistes, qui récuse en ces termes le danger « d'une possibilité de relâchement vis-à-vis des règles de sécurité » : « Nous sommes certains que les Français vont poursuivre l'amélioration de leur comportement et se conformer aux objectifs de sécurité routière. »

Ce n'est pas l'avis des défenseurs des victimes d'accident. Pour Chantal Perrichon, présidente de la Ligue contre la violence routière, tout assouplissement des règles du permis à points « menace directement la politique de sécurité mise en place depuis quelques années ». Cette décision est même considérée comme « un mauvais signal envoyé aux conducteurs » par Jean-Yves Salaün, délégué général de l'association Prévention Routière.

La route de la sécurité routière, on l'a vu, est longue. Celle du permis à points compte aujourd'hui presque vingt ans d'existence mais continue de diviser la France en deux camps. Au début de l'année 2011, le législateur a un peu assoupli quelques-unes de ses règles. Au même moment, les chiffres sont tombés : le nombre des tués sur les routes de France métropolitaine a crû de 21 % en janvier 2011 (331 morts) par rapport à janvier 2010 (273 tués). C'est là la plus forte augmentation enregistrée depuis juin 2009. Aussitôt, les opposants à l'assouplissement du permis à points crient au scandale. Pourtant, ledit assouplissement n'était pas encore en vigueur en janvier 2011... C'est dire si ce débat franco-français se joue plus volontiers sur une gamme teintée d'irrationalité ou d'émotion que sur le tempo de la raison et de la concertation citoyenne !

Les Français seraient-ils vraiment les enfants terribles et contestataires que l'on décrit ? Des râleurs toujours prêts à partir en guerre contre les lois, et, dans le cas présent, contre des réglementations qui les empêchent d'appuyer comme des fous furieux sur le champignon et de conduire comme bon leur semble ? Seraient-ils à ce point bornés et stupides qu'ils seraient incapables de se réjouir de la diminution du nombre des tués sur la route ? Qu'ils n'imagineraient même pas qu'un accident pourrait leur arriver à eux ou à un de leurs proches ?

Ne serait-il pas temps d'abattre les frontières séparant arbitrairement les uns des autres ? D'en finir avec cette « fracture automobile », opposant les « probes et responsables » d'un côté aux « délinquants et irresponsables » de l'autre ? Ne serait-il pas temps d'examiner en quoi le système vertueux du permis à points génère dans sa conception et sa mise en place bien des dysfonctionnements et des contradictions ?

2

Les radars au banc des accusés

Permis à points et radars automatiques, un beau mariage

Selon les données officielles, 6 millions d'infractions ont été traitées en 2009. Plus de 9 millions de points ont été retirés et plus de 90000 conducteurs ont été privés de leur permis de conduire pour invalidation, après la perte de leurs 12 points[1]. Mais la courbe des infractions, telle qu'elle est donnée par les services du ministère de l'Intérieur, est encore plus éloquente. Si l'on observe les chiffres de l'année 2002 en les comparant à ceux de 2009, l'on constate qu'ils ont explosé. Le nombre d'infractions traitées en 2002 dépassait à peine 1,2 million, celui des points retirés s'élevait à 3 millions. Quant au nombre des permis au solde nul,

1. Il s'agit du nombre d'infractions traitées. Car, en réalité, le nombre d'infractions relevées, hors stationnement irrégulier, s'élève en 2009 à plus de 14 millions.

l'administration en dénombrait alors moins de 14000. L'on note bien entendu une forte progression de tous ces indicateurs à partir de 2003, l'année de l'apparition des radars.

Le mariage du permis à points – créé en 1992 – et des radars automatiques – installés à partir de 2003 – explique l'envolée de ces chiffres. Que serait en effet le permis à points sans le dispositif du contrôle sanction automatisé (CSA) ? Autrement dit, les radars automatiques. Ils en sont les bras armés. Et le moins que l'on puisse dire est qu'ils tirent sur leurs cibles, les conducteurs, avec une force de frappe impressionnante.

L'idée de la mise en place d'un contrôle sanction automatisé n'a pas encore germé en France quand la sécurité routière est déclarée « grande cause nationale » pour l'an 2000. Mais on peut supposer qu'elle est peut-être déjà dans les tuyaux. D'autant que le système qui utilise les ondes radio n'est pas tout à fait nouveau. Largement utilisé pour détecter et calculer la vitesse et la position des avions et des bateaux depuis la Seconde Guerre mondiale, il ne va pas tarder à s'affranchir du seul domaine militaire et investir des champs nouveaux, tels, notamment, la météorologie et le trafic routier. Le premier radar mobile, le Mesta 100, est d'ailleurs expérimenté à partir de 1946. Dès les années 1950, des machines modernes font l'objet de tests. Ainsi, dans son édition du 12 juin 1958, le journal *France-Soir* rend compte d'un « nouveau dispositif qui doit assurer, grâce à une caméra », installée derrière les panneaux de signalisation, «le contrôle automatisé des infractions au code de la route». Mais, à l'époque – autres temps, autres mœurs –, s'il était déjà bien entendu question de réduire le nombre d'accidents aux «points noirs» de la circulation, le système ne se présentait pas uniquement comme une arme punitive. Le journaliste nous apprend en effet que les inventeurs de ce dispositif envisageaient aussi «de régler les caméras de telle manière qu'on puisse décerner des diplômes de "bonne conduite"» aux automobilistes exemplaires. L'on croit rêver! C'est sans doute que, dans ces temps-là, l'on faisait encore confiance dans les vertus de la pédagogie plutôt que dans celles de la répression. C'est aussi que la France, pays des droits de l'homme, était à mille lieues de songer à remplacer les agents assermentés de la police et de la gendarmerie par des robots électroniques. Comme on le sait, les temps ont changé!

Toutefois, à force de clamer haut et fort, pendant des décennies, que les conducteurs français ont des comportements dangereux, l'on finira bien par les jeter à la vindicte populaire et faire des risques de la route une hécatombe routière, imposant ainsi dans un climat de panique et d'émotion les futurs radars.

Après Georges Sarre, c'est Jacques Chirac en personne, qui, revêtu des habits de chevalier, reprend l'offensive. Car, on l'a sans doute oublié, le grand ordonnateur de la sécurité routière érigée en grande «cause nationale» en l'an 2000 n'est autre que Jacques Chirac, élu en 1995 aux plus hautes fonctions de l'État. Le président de la

République se souvient-il avec émotion de son accident, survenu le 26 novembre 1978, au volant de sa Citroën CX Pallas, sur la route verglacée d'Ussel en Corrèze, qui l'avait propulsé dans un platane et envoyé à l'hôpital Cochin à Paris ? Considère-t-il, plus de vingt ans après, qu'il roulait trop vite, qu'il avait été irresponsable ? Éprouve-t-il des remords au souvenir de ses conduites passées, quand, dans la lignée de Georges Pompidou, il ne dédaignait pas les belles bagnoles ? Toutefois, quand il décrète la sécurité routière grande cause nationale, cela fait un bail qu'il n'a pas dû prendre lui-même un volant, les hautes fonctions qu'il occupe depuis plusieurs décennies lui ayant accordé le privilège d'avoir un chauffeur. Se sent-il également ébranlé par les appels que lui transmettent régulièrement les associations de victimes qui dénoncent avec virulence « le scandale de l'insécurité routière » ? Ce titre est d'ailleurs celui d'un livre paru en 2001, qui a fait grand bruit. Il dresse un véritable réquisitoire contre la voiture, devenue, selon ses auteurs, à la fois un objet de luxe narcissique, un puissant moteur économique et une arme à tuer. Si la voiture ne peut plus raisonnablement en 2001 être considérée comme un objet de luxe, apanage exclusif des classes riches et oisives, il reste que, justement parce qu'elle s'est très largement popularisée en se transformant en moyen de transport et de travail, elle constitue sans conteste un moteur économique et un réservoir financier aux multiples tuyaux d'approvisionnement. De là à imaginer que de nouvelles machines à sanctions pourraient produire de nouvelles recettes pour l'État, il n'y a pas loin. Mais l'on n'en est pas encore là. Et ce n'est pas à proprement parler le sujet de ce livre réquisitoire. Encore que, les coauteurs – un journaliste et une avocate spécialisée dans la défense des victimes de la route – ouvrent de belles perspectives financières pour nos responsables politiques, démunis par les crises économiques qui se succèdent. En effet, scandalisés par l'inertie des gouvernements, inaptes à mettre un terme au désastre routier, les deux signataires interpellent les pouvoirs publics en leur suggérant de copier l'exemple de nos voisins britanniques, dont les centres-villes sont, depuis quelques années, truffés de radars automatiques. Ces boîtes de couleur jaune vif, qui ne passent pas inaperçues, leur ont, semble-t-il, permis de devenir les meilleurs élèves de l'Europe en matière de sécurité routière.

On ne saurait dire jusqu'à quel point tous ces facteurs ont amené le chef de l'État à prendre à cœur cette grande « cause ». Toujours est-il que, en attendant de mettre sur pied en France l'équivalent du dispositif d'outre-Manche, Jacques Chirac, à peine réélu en 2002, après le choc du duel avec le Front national, attaque son second mandat en prenant le virage de la sécurité routière à toute vitesse. L'on peut penser que le retour en grâce de Nicolas Sarkozy, promu ministre de l'Intérieur du gouvernement de Jean-Pierre Raffarin, permet au chef de l'État de prendre ce virage. La loi d'amnistie, cette tradition sympathique qui intervient au lendemain de chaque élection présidentielle, en est une illustration. Cette fois, Jacques Chirac ne se montre pas bon prince. Les « cadeaux » concernant les infractions au code la route sont accordés avec une grande parcimonie. En outre, le vocabulaire se muscle. Pour preuve, son allocution prononcée le 14 juillet 2002. «Je voudrais marquer ce quinquennat par trois grands chantiers qui ne sont pas de pierre», s'exclame-t-il. Le premier, c'est « la lutte contre l'insécurité routière », qu'il veut hisser au rang de « chantier prioritaire ».

À sa demande, une réunion des acteurs majeurs du secteur est organisée le 17 septembre 2002, sur la scène du Théâtre de l'Empire à Paris. Pas moins de sept ministres ouvrent ces états généraux. De nombreux représentants d'associations, les principales administrations, des élus et des experts en font partie.

Automatiser les radars, tel est le menu, non encore dévoilé, mais déjà largement connu, du prochain plan gouvernemental. « En France, vous avez une chance tous les quatorze ans d'être contrôlé pour excès de vitesse », tonne Nicolas Sarkozy, dans les journaux télévisés du 9 décembre 2002. Imposant déjà son style « musclé », le tout nouveau ministre de l'Intérieur n'hésite pas à élargir le chantier prioritaire ouvert par Jacques Chirac et déclare vouloir lui aussi faire de la sécurité sa priorité en privilégiant l'action. Dont acte. Son champ d'action principal en matière de sécurité routière vise les « équipements technologiques modernes » dont il veut « truffer les autoroutes ». Il pense évidemment à ces radars dernier cri, expérimentés à Angers, Chambéry,

Saint-Étienne et dans le tunnel du Mont-Blanc. Mais de l'expérimentation de ces contrôles automatiques à leur multiplication, il y a loin. Il faudra sans doute attendre des années, sans compter que ces machines coûtent cher, plus de 100000 euros l'unité, préviennent les techniciens. Mais c'est sans compter que chez le fougueux ministre, le moteur de l'action passe d'abord par le formidable levier de la communication. Dans ce registre où il se montre excellent, il arrive que l'actualité lui serve de tremplin. En l'occurrence, il s'agit d'une tragique actualité, un accident survenu le 29 novembre 2002, à Loriol dans la Drôme, qui a coûté la vie à cinq pompiers. Le conducteur de la voiture a reconnu qu'il roulait sur l'A7 à 150 km/h sur une portion de voie en chantier, où la vitesse est limitée à 90 km/h. Le climat d'émotion et de colère au lendemain du drame est certainement de nature à accélérer la mise en place de cet arsenal répressif que représentent les radars automatiques.

De fait, lors du Comité interministériel de la sécurité routière du 18 décembre 2002, le contrôle sanction automatisé figure en première place dans le tableau de bord des actions prévues. Les raisons sont clairement énoncées dans le compte rendu du comité: s'attaquer au fléau de l'insécurité routière. « Parce que la probabilité d'être contrôlé reste beaucoup trop faible dans notre pays, un trop grand nombre de conducteurs n'hésite pas à commettre des infractions en toute impunité. » Impunité, le mot est lancé. La mise en place d'un tel système a pour objectif avoué « d'accroître le contrôle et aggraver la sanction pour changer les comportements et faire respecter la règle».

Le permis à points instauré dix ans auparavant ne semble donc pas suffisamment coercitif, aux yeux du président, de son ministre de l'Intérieur, revêtu de l'habit de Zorro, et dudit comité: «Les Français ne respectent pas les règles du code de la route car ils ont le sentiment que les transgressions sont impunies», c'est pourquoi «le gouvernement veut automatiser les contrôles des infractions qui peuvent l'être».

Un fléau qui mérite d'être mis en perspective

L'on ne s'en souvient plus mais il faut le rappeler ici: à l'aube du troisième millénaire, l'annonce par Jacques Chirac de cette «grande cause», comme étant celle du «chantier prioritaire» de l'insécurité routière, a surpris. En effet, il suffit de consulter les chiffres officiels pour remarquer que le nombre de morts sur la route ne cesse de diminuer. En une décennie, de 1990 à l'an 2000, ils sont passés de 10875 à 8079. La baisse de l'insécurité routière engagée depuis 1998, année au cours de laquelle 8918 décès avaient été enregistrés, s'est poursuivie. Les chiffres officiels en font foi: avec 8487 victimes sur la route en 1999, le nombre de décès baisse de 10%. Les chiffres des années 2001 et 2002 révèlent encore une chute de la mortalité sur les routes de l'ordre de 20%. Le nombre de tués sur la route, qui s'établit en 2002 à 7654 victimes, est le plus faible constaté depuis 1953, alors que le trafic routier était alors six fois moins important. En haut lieu, l'on s'en félicite. Toutefois, nul ne souligne le paradoxe : ces améliorations ne sont pas dues aux radars. Elles sont intervenues avant la mise en place des contrôles automatiques. Mieux, ces statistiques, souvent dévoilées à grand renfort médiatique, sont malgré tout attribuées par l'équipe Sarkozy aux radars, ou plutôt à la valeur dissuasive de l'annonce prochaine de leur implantation sur le territoire.

C'est pourtant dans ce contexte d'une diminution constante de la mortalité sur la route que les automobilistes vont apprendre en 2003 qu'ils seront bientôt sous le joug d'un contrôle accru grâce au flashage des prochains radars automatiques.

Évidemment, l'on peut toujours mieux faire et les victimes sont toujours des victimes de trop. Mais de là à parler de fléau et de grande cause, le propos, chiffres à l'appui, paraît bien excessif. Cela dit, il faut souligner que la sécurité routière, qui va bientôt s'approprier des termes chocs comme « délinquance » ou « violence », fait partie des thèmes de prédilection des médias et de la *vox populi*. Dès qu'un accident survient, des cris d'indignation et des vagues d'émotion submergent le pays. Le tout est orchestré par des campagnes de communication qui, elles aussi, ont amorcé un virage à 180 degrés. Rappelons-nous ces slogans qui s'invitent dans les stations de radio et les chaînes de télévision : « Refusons de devenir des assassins », ou « Ils ont eu leurs examens, ils tueront un enfant », jusqu'à un spot télévisuel qui ose mettre en scène la mort d'un enfant. Ces messages choquent et sont faits pour ça. Corollaire de cette surenchère médiatique : les budgets de communication de la Sécurité routière grimpent en flèche. À la tête du Comité interministériel de la sécurité routière, Isabelle Massin ne fait plus l'unanimité. Non seulement, elle est mise en cause à chaque accident mais on cherche à la remplacer par une personnalité porteuse d'une aura médiatique... On rêverait de faire appel à Jean-Marie Cavada, président de Radio France... Tel est le climat de l'été 2002, qui prépare le pays à la « radarisation ».

Il est alors facile de faire oublier que, dans de nombreux autres domaines, les victimes se comptent par dizaine de milliers. Imaginez toutes les grandes causes nationales qui devraient être décrétées : l'alcoolisme, le tabagisme... Les fléaux, hélas, ne manquent pas. Pourtant, le seul qui compte aux yeux de nos responsables politiques est lié à la route : « Nous ne saurions accepter que la route reste, au milieu de la civilisation, un îlot de barbarie et d'inconscience. Il n'y a aucune fatalité à ce que tant de Français et d'Européens périssent sur les routes », écrit Jacques Chirac, le 26 juin 2003, préfaçant la *Note* n° 17 de la fondation Robert-Schuman, gravement intitulée « Pour en finir avec l'hécatombe routière ».

Les morts sont-ils plus insupportables sur la route que partout ailleurs ? Bien sûr, il n'est pas question d'établir, et ce serait une bien odieuse arithmétique, une liste de victimes « préférentielles », selon les causes, les lieux et les circonstances. Toute vie humaine compte. Mais ne faut-il pas néanmoins nous pencher sur toutes les autres hécatombes, dont hélas, peu ou prou, personne ne s'alarme, et nous demander pourquoi les risques de la route provoquent de telles réactions irrationnelles, pourquoi les conducteurs sont-ils en bloc catalogués comme des fous et des voyous ? En effet, que dire des infections nosocomiales, ces affections contractées dans un établissement de soins ? Selon des études, réalisées en 1996 et 2001 par le secteur sanitaire, elles concerneraient 800 000 personnes chaque année et seraient directement responsables de près de 4 200 décès par an chez des patients dont le pronostic vital n'était pas engagé à court terme. Selon d'autres sources, tels les professionnels funéraires, le nombre de décès causés par ces infections pourrait en réalité toucher plus de 8 000 patients chaque année... Vise-t-on pour autant les personnels médicaux dans leur intégrité professionnelle ? Les jette-t-on en pâture sur la place publique comme de vulgaires criminels ? Parle-t-on de responsables impunis ?

Que dire de l'hécatombe éthylique ? Dans un rapport sur « le poids de l'alcool dans la santé publique en France », publié en 2002 et dirigé par le professeur Claude Got, de l'Observatoire français des drogues et des toxicomanies, le nombre de décès attribuables à l'alcool est situé entre 23 000 et 60 000. Vraisemblablement, le professeur Got, ancien chef du service des accidentés de la route de l'hôpital de Garches et membre du comité d'experts auprès du Conseil national de la sécurité routière depuis 2001, n'a pas réussi à mobiliser les responsables politiques sur l'hécatombe éthylique dans la société, comme il a réussi à le faire à propos des automobilistes dans leur ensemble. Car, il faut le reconnaître, l'alcool est en cause dans 30,1 % de la mortalité routière et aura été en cause dans 1018 décès sur 4273 en 2009.

Pareillement, sait-on assez que, sur les 8,5 millions de personnes qui pratiquent des sports d'hiver en France, l'on enregistre chaque année 150000 blessés ? Cela n'émeut ni ne scandalise personne. Que ces accidents coûtent cher à la Sécurité sociale, cela ne semble intéresser que l'Institut national de prévention et d'éducation pour la santé (Inpes), qui édite régulièrement quelques cahiers de bonne conduite et de prévention.

Et que dire des accidents qui surviennent dans l'intimité des foyers ? L'on évoque pourtant, à leur sujet, le chiffre ahurissant de 20000 morts par an ! Brûlures, noyades, défenestrations, électrisations, intoxications, chutes de tous ordres, etc. : ces accidents domestiques constituent pourtant la première cause de mortalité chez les jeunes enfants. Au point que certaines compagnies d'assurances mutualistes ont mis en place en 2011 un site Internet et créé une page dédiée sur Facebook, afin d'alerter, prévenir et apprendre à éviter les dangers liés à la vie courante. Pour autant, envoie-t-on au pilori toute la sphère familiale et éducative, les parents, grands-parents, oncles et tantes, aides ménagères, nourrices et autres personnels de maison ? Les accuse-t-on en bloc d'être des meurtriers, des irresponsables, des barbares et des inconscients? Certains le sont sans doute et il arrive que la justice s'en empare et fasse alors son travail. Mais soyons réalistes et justes: il s'agit le plus souvent d'accidents dus à une erreur, un oubli, une seconde d'inattention, qui laissent les parents et les éducateurs en proie à un grand désarroi. S'ils se sentent eux-mêmes coupables, la société ne les met pas à l'index ni ne les prive de leurs droits.

Soit, dans tous ces domaines où le risque existe, des campagnes de prévention sont menées. Mais aucune d'elles ne semble être aussi alarmante ni alarmiste que celle qui vise les conducteurs. Aucune d'elles n'est surtout aussi culpabilisante que la campagne contre l'insécurité routière. Il y a là matière à réflexion. D'autant que tous les spécialistes s'accordent pour observer que les risques d'accidents sur les routes ont été divisés par dix depuis les années 1970 tandis que la circulation routière a triplé.

Action punitive en préparation

Mais revenons à l'idée géniale du Comité interministériel de la sécurité routière du 18 décembre 2002 de faire de la lutte contre l'insécurité sur les routes son premier cheval de bataille. Donc de prévoir une action réellement punitive à l'intention de tous les automobilistes, avec la mise en place du contrôle sanction automatisé. Aujourd'hui, les radars automatiques font partie du paysage routier. Ils font même tellement partie de la vie quotidienne de toutes celles et tous ceux qui conduisent une voiture ou un deux-roues motorisé que l'on finirait par oublier qu'ils ont à peine dix ans d'existence.

Tout se fomente entre 2002 et 2003 autour du chef de l'État et de sa garde rapprochée. Mais, en réalité, on l'a compris, la « cuisine » du nouveau dispositif sécuritaire se prépare place Beauvau, lieu de pouvoir détenu par Nicolas Sarkozy, ministre de l'Intérieur jusqu'en 2005. Celui qui va mettre les mains dans le cambouis est un technocrate sorti de l'ENA en 1984, dans la promotion Louise-Michel – cela ne s'invente pas. Mais les idées révolutionnaires qu'il va être chargé de piloter n'ont guère de parenté avec les idéaux de celle qui s'est consacrée à faire triompher la justice, l'égalité et l'émancipation des femmes. Raphaël Bartold est la tête pensante du projet du contrôle sanction automatisé, appelé dans l'intimité des bureaux ministériels « projet 1 000 radars ». Sa mission : travailler à l'informatisation du système. Mais l'énarque n'est pas seul. Tous les ministères sont impliqués dans le vaste projet, de la Défense à la Justice en passant par les Finances et bien sûr les Transports et l'Équipement, où est alors en place Gilles de Robien. Chacun tient les manettes, explore les avantages et les failles de la future machine à sanctions, qui n'est pas encore appelée, par ceux qu'elle vise et va ponctionner, la « machine à sous » ou la « pompe à fric ». Mais cela ne va pas tarder.

Accompagné de Rémy Heitz – le remplaçant d'Isabelle Massin, un magistrat nouvellement nommé au poste de délégué interministériel à la Sécurité routière –, Gilles de Robien se paie même un petit déplacement de l'autre côté de la Manche, histoire de comprendre « pourquoi les Anglais ont deux fois moins de tués sur les routes que nous ». Les voilà donc tous deux, le 26 avril 2003, au *traffic control center* de Reading, grande ville située à l'ouest de Londres, devant un mur d'écrans de contrôle reliés à 44 caméras de surveillance disséminées dans la ville. La règle est simple : tout conducteur imprudent voit sa plaque d'immatriculation flashée et reçoit automatiquement une mise en garde ou une amende en cas de récidive. Une mise en garde ? Le ministre français est un peu dubitatif. Il envisageait de rapporter en France l'exemple d'un arsenal tout répressif et tout payant. Le voilà un brin déçu. Pis, son homologue britannique lui apprend que ce dispositif onéreux n'est, en effet, pas uniquement répressif puisqu'il permet aussi de fluidifier, grâce à un logiciel de gestion des feux de signalisation, la circulation automobile, véritable enfer pour les Londoniens. Quant aux fameuses boîtes jaunes disséminées aux alentours de la capitale anglaise, notre ministre, toujours dans l'idée de repartir avec le maximum de bonnes raisons d'installer un système similaire en France, se rend compte que le système envié de nos voisins n'est en fin de compte pas si performant que cela. Notamment parce que les machines en question ne sont pas toutes pourvues de caméras. Leur simple présence, lui affirme-t-on, s'avère généralement assez dissuasive... Ainsi, les caisses du Trésor britannique, qui engrangent un bon paquet de millions de livres sterling par an depuis que sévissent ces *speed cameras*, pourraient donc en accumuler davantage... Visiblement déconcerté, notre ministre des Transports espère bien faire mieux. En France, c'est sûr, tout automobiliste en faute sera vu, flashé, pris et paiera. C'est en tout cas ce que Gilles de Robien déclare à l'envoyé spécial du journal *Libération*, qui a suivi la visite *« so british »* de nos deux émissaires du chantier prioritaire de la sécurité routière. Décidément, ils sont fous, ces Anglais !

Si l'on en croit les dernières décisions nous parvenant de l'archipel britannique, c'est une réputation dont ils n'ont apparemment pas envie de se défaire. En effet, depuis 2005, nos voisins anglais ont amorcé un sévère coup de frein sur les radars. Le délégué à la Sécurité routière d'outre-Manche, Robert Gifford, le confirme durant l'été 2010 : « Les radars automatiques sont appelés à disparaître définitivement des budgets de fonctionnement de l'État. » En Angleterre, l'on supprime donc carrément les *speed cameras*. L'on encapuchonne certaines boîtes jaunes et l'on annule tout achat de nouveau matériel. Bien sûr, cette annonce s'inscrit dans l'ensemble des mesures d'austérité prises par les autorités britanniques. La baisse du budget alloué à la sécurité routière et, par répercussion, la diminution des revenus pour les régions, gestionnaires du fonctionnement du matériel, expliquent pour une grande part cet étonnant revirement. Néanmoins, est également mise en cause l'efficacité à long terme sur la mortalité. Et nos amis de l'autre côté de la Manche de nous affirmer que, même désactivées, les caméras existantes devraient rester en place, histoire d'exercer leur pouvoir dissuasif. Du reste, les dernières statistiques publiées en 2010 montrent une légère diminution du nombre d'accidents, après le retrait des radars !

2003, l'année où l'on va rouler au radar...

Retour en France, le 27 octobre 2003 sur la nationale 20. Quelques membres du gouvernement sont là, emmitouflés dans leurs manteaux et écharpes. Mais que font nos ministres de l'Intérieur et des Transports, Nicolas Sarkozy et Gilles de Robien, sur le bord de la nationale 20, route qui reliait d'un seul trait jusqu'en 1996 Paris à la frontière franco-espagnole ? Ils sont accompagnés de Rémy Heitz, le délégué interministériel à la Sécurité routière, et de bien d'autres invités de marque, préfets, directeurs des services techniques de l'État, etc. Du grand monde ! Et la presse ne manque pas à l'appel avec force cameramen pour immortaliser la scène. Quel est donc l'objet de ce rassemblement peu ordinaire et que fête-t-on ?

L'on honore ce jour-là une star toute neuve, toute brillante et promise à un bel avenir. Une belle boîte gris métallisé. Une armoire rutilante. Sa caractéristique ? Elle cache en son sein le premier des radars automatiques fixes, qui vont peu à peu décorer le bord des routes de l'Hexagone. Le premier radar est donc enfin installé en France et en grande pompe sur la nationale 20, à hauteur de La Ville-du-Bois, une commune du département de l'Essonne, dans la région parisienne.

L'objectif est clair. Il s'agit de sauver des vies. Et c'est dans cet objectif nécessaire et louable qu'« ils seront mis en place dans des zones accidentogènes », s'empresse de préciser solennellement le ministère de l'Intérieur. Quatre critères en déterminent l'emplacement : le nombre d'accidents et le taux d'accidentologie en fonction du volume et du trafic, les sites à risques, en particulier les tunnels, et une « logique de répartition des contrôles sur les grands axes » que d'aucuns considèrent déjà comme une logique pour le moins énigmatique. Le site accidentogène de la N20 est explicité dans ces termes : cette « nationale, avec un trafic de 60 000 véhicules/jour, présente un profil hétérogène, avec une section à caractéristique autoroutière incluant des chaussées séparées mais avec une zone urbaine, de nombreux accès riverains et plus loin des feux tricolores ». De plus, fait aggravant, on y constate de nombreux excès de vitesse.

Cette journée du 27 octobre 2003 inaugure donc les fameux radars automatiques, destinés selon le gouvernement à améliorer la sécurité routière. La star métallique est « blindée et sécurisée à l'aide de mécanismes anti-intrusion et antivandalisme », peut-on lire dans le dossier de présentation. Les reporters flashent la boîte grise pour le journal télévisé, dans tous ses détails. Elle est placée à droite de la chaussée, derrière un pilier de pont et orientée de manière à prendre l'arrière des véhicules dans le sens Paris-province. Ce dispositif sera ensuite installé sur les terre-pleins centraux d'autoroute afin de contrôler les deux sens de la circulation. Sur les côtés de la boîte grise ont été aménagées des fenêtres, une pour la sonde de mesure, une autre pour la caméra et une dernière pour flasher le conducteur. Développé par la société Sagem, le dispositif fonctionne selon le principe Doppler : un radar mesure la vitesse du véhicule et la compare à un seuil. Quand le seuil est dépassé, la caméra se déclenche. Un flash et hop ! La photo est dans la boîte. Ensuite, le cliché est directement envoyé par liaison numérique à un central. L'identification du propriétaire par la plaque d'immatriculation se fait automatiquement et l'amende est envoyée par courrier au titulaire de la carte grise. L'on connaît aujourd'hui la chanson !

Le seuil a été fixé, sur la N20, à 75 km/h pour une vitesse limitée à 70 km/h. En effet, « les radars automatiques auront une tolérance de 5 % pour les limitations de vitesse supérieures à 100 km/h, et de 5 km/h pour les limitations inférieures à 100 km/h », explique le délégué interministériel à la Sécurité routière. Ainsi, pour 130 km/h sur autoroute, il ne faudra pas dépasser 136,5 km/h, ce qui ne laisse pas beaucoup de marge au conducteur ! Bien entendu, le contrôle sanction automatisé fonctionne de jour comme de nuit. Et ceux qui veulent en savoir davantage sur la cadence maximale des prises de vue, sur la qualité des clichés par temps de pluie, sur la lisibilité des plaques d'immatriculation, sur la fiabilité de ces machines n'obtiendront lors de cette inauguration aucune réponse. Et les gendarmes, que feront-ils s'ils ne sont plus occupés à observer le trafic derrière leurs jumelles? «Les hommes seront redéployés vers d'autres types de contrôle, comme l'alcoolémie, le port de la ceinture de sécurité ou l'utilisation du téléphone au volant», précise encore le délégué.

Quant à ceux qui y voient déjà un traquenard, ils sont immédiatement rassurés. Non, «l'objectif n'est pas de piéger les usagers puisque la carte d'implantation des radars est dévoilée, explique alors Nicolas Sarkozy. Il s'agit bien d'un dispositif de sécurité routière». L'intention est si louable qu'il tient lieu de *credo* et met le système à l'abri de toute critique, sous peine de passer pour un hors-la-loi, sans foi ni morale. Pire encore, pour un tueur.

En revanche, personne ne réfléchit au fait qu'il pourrait être utile, voire nécessaire de modifier l'artère dangereuse en transformant la N20 en voie rapide limitée à 110 km/h ou peut-être de créer des intersections à feux tricolores. Ainsi, retrouve-t-on le même mécanisme de culpabilité, celui qui a présidé à la création du permis à points: tous les conducteurs sont visés. Le conducteur est montré comme un délinquant en puissance, qui enfreint les règles et doit être traqué et sanctionné en conséquence.

Adieu, gentils coquelicots, bonjour, méchants radars

À peine installé sur la N20, le premier radar automatique fonctionne. Certes, des tests sont effectués jusqu'au vendredi 31 octobre 2003 mais les premiers conducteurs sont flashés lors du week-end de la Toussaint, considéré, depuis 2000, comme le plus meurtrier de l'année. D'autres dispositifs seront opérationnels le même jour sur l'A12 à Bois-d'Arcy et à Rocquencourt (Yvelines) et, en province, sur l'A10 à Poitiers, sur une autoroute urbaine lilloise ainsi qu'à Amiens. Soixante-dix radars de ce type seront opérationnels avant la fin de l'année 2003.

Au fur et à mesure, les « armoires » se multiplient en même temps qu'elles se font plus discrètes. Les appareils sont de plus en plus sophistiqués et sensibles, sans cesse améliorés et modernisés. On en est aujourd'hui à la quatrième génération. En 2007, le premier radar sur une voie non rapide est installé. En pleine ville ! Dans le 9e arrondissement de Paris, rue de Maubeuge, précisément. L'année suivante, une nouvelle espèce fait son apparition. Elle vise à contrôler la vitesse des véhicules à grande capacité de passagers. Puis, c'est au tour des feux rouges de flasher afin de « protéger les usagers vulnérables aux carrefours », et les passages à niveau commencent à en être équipés...

En général, des panneaux annoncent la présence des radars automatiques fixes. Mais la loi ne le prévoit pas et l'idée de les supprimer revient régulièrement comme une menace supplémentaire. En revanche, aucun avertissement ne signale les 933 radars mobiles, et il n'est pas rare que certaines brigades de police les cachent intentionnellement à quelques centaines de mètres après le radar automatique fixe signalé par un panneau. Gare au radar donc et à la reprise de gaz intempestive, après avoir respecté la limitation !

La carte d'implantation de ces dispositifs de contrôle fixes est disponible sur les sites Internet du ministère de l'Intérieur et de la Sécurité routière. Au 30 mars 2011, l'on dénombrait en France 3 372 cinémomètres fixes et mobiles, c'est-à-dire des radars automatiques. Soit 1985 radars fixes, 933 mobiles, 9 discriminants, 533 feux rouges et 2 passages à niveaux.

Cette liste n'est pas close, loin s'en faut, puisque ces derniers cinémomètres discriminants, automatiques innovants, annoncés depuis quelques années, viennent juste de faire leur apparition. Dotés d'une vision « large », ils possèdent une qualité non négligeable, celle de pouvoir contrôler simultanément les quatre voies d'une autoroute. Ils seraient en outre plus « intelligents », en capacité de détecter la forme des véhicules et de contrôler la vitesse des poids lourds, qui échappaient jusqu'ici à la surveillance des caméras. Ce cinémomètre discriminant appelé également « radar poids lourds » va permettre non seulement de les surveiller par rapport à leurs limitations de vitesse spécifiques mais aussi d'identifier le véhicule en infraction, dans le cas où plusieurs véhicules apparaîtraient sur le cliché.

Enfin, un nouveau type sera bientôt en service : le « radar tronçon ». Attention, cela n'est plus de la prospective, moins encore de la science-fiction, sortie tout droit de l'imagination d'un nouveau Big Brother. « Il s'agit là d'une nouvelle technique, destinée à sécuriser l'ensemble d'une portion de route à risque de manière plus efficace et plus constante », expliquent les documents d'information de la Sécurité routière. Plus concrètement, ce radar tronçon mesurera la vitesse moyenne d'un véhicule sur un trajet de plusieurs kilomètres. Le procédé consiste « simplement » à installer plusieurs caméras équipées de capteurs, de préférence en hauteur et à deux endroits distincts. Elles enregistrent les plaques d'immatriculation des véhicules et l'heure exacte de leur passage. Les avantages de ces radars tronçons par rapport aux machines fixes classiques sont clairs. « Ils réussiront à piéger les conducteurs, qui roulent à des vitesses excessives et ralentissent de manière brutale à l'approche des radars automatiques, avant de redémarrer en trombe dès qu'ils ont passé l'engin verbalisateur », commentent en substance les spécialistes du ministère de l'Intérieur. Le dispositif est expérimenté depuis de nombreuses années sur l'A10 entre Paris et Orléans et plus récemment sur l'A7 au sud de Montélimar, à titre préventif et pédagogique. Mis au point avec le Centre d'études techniques de l'équipement (CETE) Méditerranée, il a pour nom système contrôle automatique de lecteur de plaque. Ou, si l'on préfère, l'acronyme – qui vaut son pesant d'or – SCALP. Inutile de préciser que si ses concepteurs sont certainement de brillants techniciens, ils sont de bien piètres communicants. Baptiser un système de sanction du nom de SCALP, il fallait oser. Il ne manquait donc plus que cela aux automobilistes : après s'être fait coincer, flasher, plumer, ils seront désormais scalpés !

Pour ces radars dernier cri, les premières installations ne sont pas prévues avant la toute fin 2011. En revanche, les radars discriminants, au nombre de 9 actuellement, devraient, eux, être rapidement généralisés. Le premier de ce nouveau type est d'ailleurs physiquement présent sur la N88 près de Saint-Étienne. Actuellement bâché, il n'attend que le feu vert des autorités pour commencer son travail de flashage. Le lieu d'implantation de ce radar qui cible particulièrement les poids lourds n'est pas anodin. En effet, il est installé en haut de la descente de Saint-Ferréol-d'Auroure, dans le département de la Haute-Loire, sur la N88, dans le sens du Puy-en-Velay vers Saint-Étienne, une pente à 7 % sur trois kilomètres réputée particulièrement accidentogène. De surcroît, il est prévu qu'une trentaine de véhicules banalisés équipés de ce matériel numérique circulent bientôt en France. Ce qui n'empêchera pas, il faut le souligner, les gendarmes, bien cachés derrière un buisson ou un panneau de signalisation, de faire fonctionner leurs fameuses « jumelles » posées sur des trépieds, même si les responsables de la Sécurité routière affirment que ces derniers auront comme mission principale de procéder aux contrôles d'alcoolémie. Quant au radar réagissant à la pluie, et modifiant automatiquement ses réglages de vitesse (130 km/h vers 110 km/h), il ne verra sans doute pas le jour très rapidement tant les difficultés techniques et de certification donnent du fil à retordre aux orfèvres du contrôle sanction automatisé.

Bref, les radars constituent bel et bien les bras armés du système du permis à points. En moins de huit ans, leur nombre est passé de 70 à près de 3400. L'on connaît des domaines où une telle volonté ferait pâlir d'envie. Voilà donc bien révolu le temps des jolis coquelicots qui fleurissaient sur les routes de France. La mauvaise herbe prolifique, appelée aussi l'adventice des moissons, n'aura guère résisté à l'embellie des pesticides et des radars, qui, eux, engrangent d'autres moissons...

Mais l'objectif reste noble : passer sous la barre de 3000 tués sur les routes par an dès 2012. C'est l'une des priorités de l'actuel président de la République, l'ancien ministre de l'Intérieur. À croire que l'armada des mesures répressives mises en place ne donne jamais les résultats escomptés sur l'échelle de la tolérance zéro... Ainsi, après l'annonce du nombre de morts sur les routes en janvier 2011, son équipe parle d'« une sécurité routière renforcée », avec l'installation de 1000 radars supplémentaires sur les routes de France d'ici à 2013 et un procès-verbal électronique généralisé. Le tout nouveau ministre de l'Intérieur, Claude Guéant, qui recevait en mars 2011 les représentants des principales associations nationales œuvrant pour la sécurité routière aux côtés des victimes de la route et en présence de Michèle Merli, la nouvelle déléguée interministérielle, a ainsi « réaffirmé la détermination du gouvernement ». Au moment où l'on observe, depuis le début de l'année, « une dégradation des résultats très positifs que nous avions coutume d'enregistrer depuis quelque temps », il a aussi relevé « le relâchement d'un certain nombre de conducteurs qui n'hésitent pas à s'affranchir du respect des règles du code de la route ». Le ministre a bien entendu oublié que le risque zéro, sur la route comme ailleurs, n'existe pas et que le mauvais temps est hélas souvent synonyme de difficultés sur la route. Qu'à cela ne tienne, si le mois de janvier 2011, caractérisé par des intempéries climatiques hivernales particulièrement rudes, a enregistré 331 victimes de plus que le mois précédent, soit 21,2 % par rapport à janvier de l'année précédente, la faute en incombe aux seuls automobilistes, bien entendu.

Pourtant, quelques mois auparavant, le 6 janvier 2011, l'on se réjouissait en haut lieu de la première estimation pour l'ensemble de l'année 2010 : « Le nombre de tués sur les routes est en baisse pour la neuvième année consécutive, passant, pour la première fois, sous le seuil des 4000. 3994 personnes ont perdu la vie sur les routes, soit une baisse de la mortalité routière de 6,5 % en 2010, et le nombre de blessés diminue également de 13,1 %. » Le communiqué, placé en bonne place sur le site officiel du ministère de l'Intérieur, attribuait ce résultat à « la politique volontariste de prévention et de sécurité routières voulue par le président de la République et de la vigilance totale de l'ensemble des acteurs de la sécurité routière et des forces de sécurité ».

Curieusement, quand tout va mieux, les automobilistes n'y sont pour rien. Car, vous l'aurez certainement noté, s'ils sont accusés en mars 2011 par le ministre de l'Intérieur, ils ne figurent pas dans le palmarès du *satisfecit* dressé quelques mois auparavant. À moins que nos doctes responsables politiques ne classent les conducteurs au nombre des acteurs de la sécurité routière ! Mais l'on peut en douter. Quant à soupçonner dans cette étrange cacophonie des statistiques un stratégique calcul électoral, il y a un grand pas, que certains n'hésitent pourtant pas à franchir...

Des punitions aveugles

Il est vrai que le thème de la sécurité routière est un sujet qui touche le public. Pour contredire le titre du beau film tourné par Nadine Trintignant en 1971 *(Ça n'arrive qu'aux autres)*, les accidents n'arrivent pas qu'aux autres. Le sachant intimement, chacun de nous est ébranlé quand un drame est annoncé au journal de 20 heures, scandalisé quand l'accident est la conséquence évidente de la conduite d'un chauffard. Mais, aujourd'hui, alors que les automobilistes ont profondément changé leur comportement, ils comprennent mal l'action punitive lancée contre eux en permanence avec l'offensive exponentielle des radars. Si cette montée en puissance sécuritaire s'avérait être un levier électoral, comme certains le pensent, il est à craindre que l'arroseur serait étrangement arrosé, ou pour le dire autrement : tel serait pris qui croyait prendre... À trop tirer sur la corde, elle finit par se rompre. Le mariage du permis à points et des radars enregistre un pic de protestations que nos responsables politiques seraient bien inspirés de prendre en considération. Les automobilistes sont exaspérés. Tout de même, 40 millions d'automobilistes, cela n'est pas rien. S'ils finissent tous par se mettre en colère, le bruit promet d'être assourdissant. Ou, au contraire, s'ils se mettaient à faire la grève...

« J'ai perdu des points sur une route express à quatre voies, un terre-plein central et pas de panneau, j'en ai conclu que la limitation de vitesse était de 110 km/h. Pas du tout, il s'agissait d'une zone limitée à 90 km/h. Mais, quand on sort du centre commercial, rien ne nous renseigne. Ledit panneau n'apparaît que quelques centaines de mètres plus loin. » Trop tard pour ce chef d'entreprise, qui a été dûment flashé. Trop tard aussi et surtout trop de stress pour ce jeune commercial qui totalise plus de 40 000 kilomètres par an : « Je suis obligé de garder les yeux rivés dans un va-et-vient épuisant entre l'aiguille du compteur de ma voiture et les panneaux qui ne cessent de changer mais j'ai quand même en six mois été épinglé par des radars pour des vitesses inférieures à 60 km/h, sur des routes où la limitation était fixée à 50 km/h. » De plus en plus nombreux, les conducteurs témoignent. Ils sont effectivement épuisés des dispositions toujours plus insidieuses au point que ceux qui le peuvent abandonnent la voiture au garage. Bien entendu, ce sont ceux qui habitent dans des zones urbaines pourvues de moyens de transport publics. Mais les autres ? Ils se demandent bien comment, tout en essayant de respecter au mieux les règles, ils ne vont pas finir par l'avoir, cet accident qu'ils tentent d'éviter, tant les signalisations se multiplient, certaines de façon contradictoire… À ce rythme, comment vont-ils pouvoir échapper à la traque et ne pas assister impuissants à la perte, un à un, de tous leurs points de permis. Ou alors « il faudra bientôt être quatre dans un véhicule, l'un pour conduire, l'autre pour surveiller le compteur de vitesse, le troisième pour indiquer les multiples signalisations et le quatrième pour coordonner les trois premiers », s'exclame en colère un habitant du Vésinet (Yvelines), dont la voiture est un moyen de travail, à raison d'environ 35 000 kilomètres par an.

Combien de livres de 250 pages et plus pourrait-on remplir avec ces témoignages de conducteurs qui n'en peuvent plus de ces mesures trop répressives. Même s'ils se réjouissent de la forte diminution du nombre des accidents de la circulation et que la plupart d'entre eux trouvent légitimes les limitations de vitesse imposées aux points les plus sensibles de la circulation et ne sont pas « forcément » contre les radars, ils rejettent le système mis en place, rigide et arbitraire. Ils considèrent aujourd'hui, comme cet habitant des Yvelines, que la traque a remplacé la mission initiale des radars : la prévention. Ils parlent de « pièges astucieusement mis en place », « d'incessants changements de limitations de vitesse dont parfois la justification nous échappe », « de radars dans les descentes et de limitations à 50 km/h sur une quatre-voies... ». Leur révolte augmente d'autant que, les radars se multipliant, le nombre d'infractions constatées s'envole, atteignant en 2009, rappelons-le, le chiffre exorbitant de plus de 14 millions, hors stationnement irrégulier (même si 6 millions d'entre elles seulement ont été traitées). Cette colère peut-elle raisonnablement se réduire à la seule mauvaise foi des automobilistes ? À la réponse enfantine de conducteurs mal embouchés qui ne supportent pas la punition infligée ? Si l'on en croit les réactions de Georges Sarre, le père du permis à points, il semble bien que le contrôle sanction automatisé cache de réels dysfonctionnements et prenne la forme et l'allure d'un rouleau compresseur. Lui qui s'écriait en 1989 : « Les comportements de conduite des Français doivent changer » est presque en passe de partager le sentiment d'injustice ressenti par les 40 millions de conducteurs. En mai 2009, il n'hésite pas à s'exprimer dans la presse en critiquant le virage pervers d'un système qui, après avoir montré des effets salutaires, se dérègle et se transforme en punition collective. Écoutons l'ancien secrétaire d'État aux Transports, qui ne saurait être accusé de laxisme : « Contrairement à la première vague d'installation des radars Sarkozy placés sur les points les plus accidentogènes, je ne souscris plus, dit-il, aux nouveaux emplacements choisis, notamment ceux qui se trouvent en bas des descentes, là où les gens prennent de la vitesse. »

Certains n'ont pas attendu 2009 pour s'en inquiéter. À commencer, en 2003, par le Premier ministre lui-même, Jean-Pierre Raffarin. Ne tente-t-il pas, quelques mois après l'installation des premiers radars, de freiner quelque peu les soubresauts de la machine à verbaliser ? N'admet-il pas qu'« il faut mettre un peu d'intelligence dans le radar » ? « Celui qui est pris à 71 quand il faut rouler à 70, ce n'est pas la même chose que s'il est pris à 110 », déclare-t-il. Nous sommes exactement deux mois après l'inauguration du premier spécimen du contrôle sanction automatisé sur la N20. Et, en guise de cadeau de Noël, les autorités s'empressent de calmer le jeu en mettant à la disposition des conducteurs un numéro d'assistance, le 0811 10 20 30. Bien sûr, l'appel ne dispense aucun des flashés de payer l'amende. Sa vocation : répondre au moins aux interrogations et apaiser les conducteurs critiques, qui fulminent déjà contre un système qu'ils jugent complexe et obscur. Difficile aujourd'hui de savoir le nombre d'appels qu'ont alors reçus les cinq opérateurs chargés de répondre aux questions des automobilistes pris en excès de vitesse par un radar automatique. Mais nul doute que la mise en place de ce « SOS radar » a pour seul objectif « d'humaniser » le système, selon l'expression de Jean-Pierre Raffarin. Pour sa part, Raphaël Bartold, pilote du projet, souhaite que cette plate-forme téléphonique puisse mieux expliquer le dispositif et permette d'« éviter les malentendus ». Son souhait formulé dans la langue de bois ne semble pas avoir été exaucé. Et pour cause. Après à peine deux mois d'existence, le dispositif vertueux, présenté comme un outil pédagogique destiné à sanctionner les comportements criminogènes, montre une autre réalité. En deux mois, 100 000 PV ont été dressés pour excès de vitesse. Rien que cela. Raphaël Bartold déclare alors fièrement : « 56 grands excès de vitesse ont été relevés sur le seul week-end de la Toussaint » contre « 4 seulement » la semaine suivante. Soit. Mais *quid* des autres infractions ? Difficile pour l'artisan des radars de faire taire les statistiques de novembre 2003. Il n'en dira pas un mot. Il n'empêche ! Ces dernières nous apprennent que la grande majorité des infractions concernent de faibles excès de vitesse. 70 % sont des dépassements de 10 km/h de la limite autorisée.

De tous côtés, les plaintes affluent depuis l'installation du contrôle sanction automatisé. Certaines controverses ont dévoilé en leur temps quelques possibles forfaitures. Un premier pavé dans la mare éclabousse la vertu des radars. Il émane d'un chercheur du GEMASS, un groupe d'étude et de recherche associé à l'université de Paris-Sorbonne et au Centre national de la recherche scientifique (CNRS). Dans le cadre d'un programme public de recherche sur les transports terrestres, il s'intéresse aux radars et répond en août 2003 à un « appel d'idées ». Dans le domaine de la sécurité routière qui attire peu de candidats, il est accueilli à bras ouverts. Pas pour longtemps. Dès janvier 2004, certaines de ses découvertes et analyses vont lui attirer bien des ennuis. À commencer par la suspension de ses crédits de recherche et finalement la résiliation de son contrat. Il faut dire que, le 6 janvier 2004, il livrait au journal *Libération* une tribune intitulée « Radars, la mauvaise solution », dans laquelle il évoquait le monopole du marché, la rente de situation des fournisseurs et l'étrange réglage des flashs en fonction des campagnes électorales... Mais ce n'est pas tout. Il critiquait également un système mis en place dans une grande opacité, sans étude préalable, sans outil d'évaluation et sans concertation. Bref, ce document est jugé impartial par les autorités, un brûlot. Néanmoins, l'on ne peut s'empêcher de penser que le Premier ministre, Jean-Pierre Raffarin, n'avait sans doute pas tiré la sonnette d'alarme pour rien en 2003.

La fronde se poursuit. Quelques livres publiés entre 2005 et 2008 ébranlent les certitudes sécuritaires. En premier lieu, celui de l'auteur de la tribune de *Libération*, mis à l'index, intitulé *La Société du radar*, puis *Radars, le grand mensonge* d'un journaliste spécialisé dans la presse auto-moto et *Tous délinquants ?*, travail d'une chercheuse en sciences sociales et professeur à l'Institut français d'urbanisme. Chacun, à sa manière, remet à sa juste place la croisade lancée contre les conducteurs et s'emploie à dénoncer une politique axée sur une pluie d'amendes, justifiée par le mythe de la sécurité routière. Dans ce mythe, le risque zéro existe bien, mais les conducteurs sont des « barbares », pour reprendre le mot de Jacques Chirac en 2003. Ils font barrage au paradis routier proposé par nos technocrates.

D'autres rapports, expertises, témoignages et mises au point suivront. Certains proviennent de fonctionnaires, notamment du Secrétariat général pour l'administration de la police, le SGAP. Ils mettent en cause la fiabilité du système, les erreurs de mesure des cinémomètres et la justification des limitations de vitesse. Les dessous de l'action publique ne semblent pas tout à fait avouables et dérogent souvent, c'est le moins que l'on puisse dire, à l'éthique. Le résultat : aujourd'hui, les punitions se ramassent à la pelle. Grand problème : elles punissent à l'aveugle.

Fiables, les radars ?

« En 2007, à trois reprises en moins d'un an, le "Photomaton" du cours Albert-Ier au bord de la Seine m'aura fait sauter 3 points de permis, pour un dépassement de vitesse de 6 km/h », raconte Marie-Anne, fonctionnaire à l'Élysée. L'on peut déjà s'interroger sur la justification d'une punition pour un dépassement à la marge. Mais, quand elle se décrit comme prudente, voire timorée au volant – « je serais même plutôt en dessous de la vitesse autorisée, une traînarde... » –, l'on ne peut s'empêcher de s'interroger sur la fiabilité de ces machines. Marie-Anne a payé ses amendes sans broncher. Reste l'étrange fonctionnement de ces

« Photomaton ». Seraient-ils devenus fous ? Qu'en est-il réellement ?

Une étude réalisée en 2006 par le SGAP de Metz est dévoilée en octobre 2007 par le magazine *Auto Plus*. Sans doute trop polémique, elle n'était jamais sortie auparavant. Elle évoque « des écarts » dans les mesures dus à l'angle de positionnement des radars fixes et mobiles par rapport à l'axe de la route. Pour un fonctionnement sans faille, les appareils doivent être calés à 25 degrés exactement. C'est d'ailleurs le positionnement exigé par la loi. Or, les spécialistes du SGAP s'inquiètent, car le mode d'installation actuel des radars ne permet pas à un fonctionnaire de régler correctement la machine. Diantre ! Voilà une mauvaise nouvelle pour les conducteurs. Une légère variation de trois degrés est susceptible de majorer la vitesse réelle de 13 %, explique-t-on au SGAP. « Ainsi, un conducteur roulant à 128 km/h sur autoroute peut être flashé à 144,5 km/h et verbalisé en conséquence », accuse le magazine *Auto Plus*. Marie-Anne aurait-elle payé cher l'imprécision du positionnement du radar du cours Albert-Ier à Paris ? Au ministère de l'Intérieur, le cabinet de Michèle Alliot-Marie dément catégoriquement la mise en cause, affirmant que toutes les garanties sont réunies pour éviter les erreurs matérielles et humaines dans le constat des excès de vitesse. Rappelons qu'en 2006 nos routes comptaient « seulement » 1 100 radars. Ils avaient dressé près de 8 millions de PV pour excès de vitesse. Comment évaluer le nombre de verbalisations injustifiées ? D'autant que, mathématiquement, l'augmentation du nombre d'appareils, près de 4000 en 2011, devrait en toute logique multiplier les erreurs et faire exploser le nombre de contraventions « litigieuses ». Toutefois, si un angle de visée inférieur à 25 degrés augmente la vitesse, *a contrario* un angle supérieur la minore. Quelques automobilistes en excès de vitesse en ont-ils bénéficié ? Ou bien les radars sont-ils toujours positionnés selon un angle inférieur ? Mystère. Le ministère n'invoque pas cette alternative, préférant ne pas alimenter la polémique.

Quelques courageux automobilistes, sans que l'on sache précisément combien, n'ont pas hésité à recourir à la justice. Certaines cours d'appel ont d'ailleurs prononcé la relaxe d'un bon nombre d'entre eux au motif qu'il n'était pas permis de s'assurer de la fiabilité du contrôle de vitesse, faute pour les services de police de démontrer que le radar avait été correctement étalonné. Mais, dans trois affaires, le parquet a saisi la Cour de cassation qui a mis fin à toute réclamation des automobilistes. Elle a jugé en 2009 que le bon fonctionnement des radars incriminés était suffisamment établi par son homologation et sa vérification annuelle. L'affaire est donc close. Car, selon un principe de procédure pénale, les procès-verbaux dressés par les services de police en matière de contravention font foi jusqu'à preuve du contraire. À charge donc pour le conducteur réclamant de rapporter cette preuve contraire par écrit ou par l'intermédiaire de témoignages. En d'autres termes : circulez ! Pour autant, aucune étude n'a confirmé ni infirmé la réalité du positionnement défectueux des appareils. Le moratoire demandé sur le sujet n'a jamais eu lieu.

Opaque, le système ?

Autres controverses. La gestion même du système de contrôle de vitesse pose problème. La réglementation en vigueur impose que les appareils soient examinés tous les ans par un organisme impartial, telles les directions régionales de l'industrie, de la recherche et de l'environnement, les DRIRE. En aucun cas, un organisme concerné directement par le dispositif n'est habilité à procéder aux vérifications. Les textes officiels l'attestent. Notamment l'arrêté du 31 décembre 2001 qui fixe les modalités du contrôle des instruments de mesure. Il stipule : « L'organisme, son responsable et son personnel chargé de travaux d'évaluation de la conformité ne peuvent pas être le concepteur, le fabricant, le fournisseur, l'installateur, le réparateur ou l'utilisateur des instruments de mesure qu'ils inspectent, ni le mandataire d'aucun d'entre eux. » Or, la réalité est tout autre. La majeure partie des radars, notamment les Mesta 210 et Mesta 210c, fournis par la société Sagem, sont vérifiés par le constructeur lui-même (ou presque). Que répond le gouvernement ? Il affirme qu'il n'y a pas lieu de polémiquer dans la mesure où seuls les nouveaux radars sont contrôlés par la Sagem après leur mise en service. En revanche, les contrôles annuels sont bien effectués par les agents de la DRIRE. Cependant, l'affaire est loin d'être aussi simple. Jusqu'en décembre 2009, conformément à la réglementation, la société Sagem faisait effectivement appel à des fonctionnaires pour vérifier ses appareils, afin d'assurer une parfaite indépendance du contrôle. Depuis, le ministère de l'Industrie a modifié discrètement le processus de vérification en établissant une liste de cinq organismes jugés aptes à étalonner les radars. Sélectionnée, la société SGS Qualitest Industrie remporte l'affaire. C'est elle qui assure maintenant la charge de vérifier la fiabilité des radars automatiques, qui, rappelons-le, émettent près de 90 % des contraventions pour excès de vitesse. Mais, surprise : qui est intervenu pour la signature du contrat avec la société SGS Qualitest Industrie ? Le ministère de l'Intérieur ? La DRIRE ? Ou la Direction du projet interministériel contrôle automatisé, la DPICA, placée sous la tutelle du ministère de l'Équipement ? Réponse : aucune de ces instances. La Sagem a choisi elle-même le prestataire qui sera chargé de vérifier ses propres machines. Pour la Direction de la sécurité et de la circulation routière (DSCR), qui commande les appareils à la Sagem, il n'y aurait aucun problème. « Nous avons passé un marché avec la Sagem pour le déploiement des radars (automatiques) et elle, à son tour, a fait un appel d'offres pour choisir un organisme vérificateur », répond-elle en mai 2010.

La même opacité prévaut dans le système français de procès-verbaux pour infractions routières. « Il est impossible de déterminer directement combien d'amendes sont émises chaque année par l'ensemble des services de police. » Cette affirmation n'est pas énoncée par les associations de défense des automobilistes. Cette phrase émane de la Cour des comptes. Dans son rapport annuel 2010, « la gestion du produit des amendes de circulation routière » est épinglée. Notamment le caractère approximatif des informations dont l'État dispose, faute de pouvoir centraliser les données détenues par près de 2 800 services verbalisateurs ! Si l'on sait que les recettes s'élèvent à 1,5 milliard d'euros, il est plus difficile, regrette la Cour, de déterminer le nombre d'amendes émises et le coût du traitement. Mais les magistrats de la juridiction financière de l'ordre administratif en France, chargée principalement de contrôler la régularité des comptes publics, s'intéressent également au taux de recouvrement des contraventions. Ils estiment que seuls 75 % des amendes forfaitaires – les quatre premières classes – émises en 2007 sont acquittés par l'automobiliste. *A priori*, voilà un constat qui ne devrait pas déplaire aux conducteurs. Pourtant, le rapport de la Cour des comptes souligne une autre facette du système vertueux du contrôle sanction automatisé. Destiné à réduire la mortalité, ne devait-il pas également être équitable en s'adressant à tous ? N'avait-on pas promis d'envoyer aux oubliettes la pratique des « indulgences » ? Elle a théoriquement été interdite par une circulaire du ministère de l'Intérieur datée du 18 décembre 2002. Le hasard veut qu'à cette même date se réunissait justement le Comité interministériel de la sécurité routière, celui qui a programmé officiellement le contrôle sanction automatisé. Mais, alors, que deviennent les 25 % restants, se demande la Cour des comptes ? Ce pourcentage concernerait en grande partie des contraventions annulées par « piston » ou convenance. Autrement dit, les PV continuent de « sauter ». Mais pas pour tout le monde. C'est fâcheux. Conclusion de la Cour des comptes : dans ce « sujet sensible », « le manque de transparence contribue à alimenter la confusion et toutes les suspicions. C'est là un dysfonctionnement important qui, au-delà de la qualité de l'information comptable, pose un réel problème de transparence et de justice entre les citoyens ».

Les radars au bon endroit ?

Il est certain que les premiers radars ont eu un effet dissuasif sur la conduite. Les automobilistes ont changé leur comportement, même s'il faut garder à l'esprit que bien d'autres raisons contribuent à la baisse de la mortalité sur les routes. Toutefois, pour reprendre la critique de Georges Sarre à propos des sites de contrôle de vitesse, observons qu'il est impossible à ce jour d'obtenir des réponses précises sur la pertinence de l'emplacement des cinémomètres fixes. Sont-ils vraiment situés dans les zones dangereuses, comme les autorités s'y étaient engagées en 2003 ? Combien en recense-t-on sur les autoroutes et les voies rapides ? Combien sur les départementales et les nationales ? Bizarrement, ces informations ne figurent pas sur les sites des ministères impliqués. Pourtant, cette répartition, à partir des chiffres connus du nombre de radars fixes disséminés sur les routes, paraît bien simple à réaliser. Au lendemain des résultats des élections cantonales 2011, la Sécurité routière a publié dans la presse un encart très offensif, pas moins de quatre pages, titré : « Les radars sauvent des vies. La preuve ». La dernière page recense les questions que se posent les automobilistes, dans une sorte de quiz sous la forme « Vrai/Faux », intitulé « Flashons les idées reçues ». Les auteurs de ce message répondent « Faux » aux huit idées reçues retenues. Parmi celles-ci figure en première place l'assertion sans doute la plus couramment évoquée par les usagers : les radars sont placés de façon à les piéger. Faux, rétorque donc la Sécurité routière. L'explication qui suit est longue mais ne donne aucune précision quant à la répartition des « machines » à flasher. Dommage. C'eût été pourtant la seule réponse à apporter aux détracteurs et usagers mécontents, qui ont bien le sentiment que les radars sont là où ils rapportent le plus. C'est-à-dire sur les autoroutes et les voies rapides. Or, comme l'indique un document d'information daté de 2007 conçu par l'Observatoire national interministériel de la sécurité routière, les routes de rase campagne (nationales ou départementales) sont les plus dangereuses, avec

74% des personnes tuées pour 52% du trafic. À notre connaissance, seule une enquête réalisée en mai 2010 par les journalistes du magazine *Auto Plus* a cherché à en savoir davantage. Comment? Tout simplement en confrontant la carte des radars fixes avec celle des zones où il y a le plus d'accidents. Cette carte avait été publiée en 2005 par la Sécurité routière à partir des statistiques des collisions graves survenues entre 2000 et 2002. Au passage, l'on regrette qu'elle n'ait pas été actualisée. D'après les investigations du magazine, seul un radar sur deux serait placé dans les zones accidentogènes. La Sécurité routière a donc perdu une belle occasion de communiquer véritablement. Ce que les gens pouvaient accepter en 2003, ils ne l'acceptent plus en 2011. Ils attendent de vraies preuves. Et non des explications générales que l'on imagine avoir été lues et relues par des hauts fonctionnaires avant d'être validées. Au final, les réponses manquent de précision; les arguments ne convainquent pas. Lisez plutôt: «Les radars automatiques sont installés sur des sites proposés par les préfets des départements, sur des critères précis.» Quels critères? «L'implantation d'un radar intervient ainsi en priorité sur une zone où se produisent des accidents pour lesquels des vitesses excessives sont principalement en cause.» Lesquels? Quelles zones? Combien? Motus. Et l'encart «publicitaire» à la gloire des doctes radars de poursuivre: «[ils] sont également placés à intervalles réguliers sur les grands itinéraires pour faire baisser la vitesse moyenne sur l'ensemble du trajet.»

On l'aura compris, il s'agit de justifier les prochains radars tronçons... On fait mieux en matière de pédagogie. D'autant que les conducteurs d'automobiles ou de deux-roues motorisés ont eu le temps de les tester, ces radars. La morale qu'ils en tirent : « Il y a trop d'abus, trop d'excès de répression, trop de flashages injustifiés. » Alors, ou le système est vertueux et les radars sont effectivement stratégiquement placés là où le risque est identifié ; dans ce cas, pas de discussion : même les plus récalcitrants rangent leurs critiques au placard et se soumettent à la règle afin de faire reculer les accidents et la mortalité routière ; ou bien le système ne l'est pas tant que cela... D'un côté, la Sécurité routière ne craint pas d'utiliser l'âpre arithmétique de la mortalité en calculant mois par mois le nombre de tués et de blessés. De l'autre, elle reste floue, engluée dans une langue de bois, de moins en moins comprise par les usagers. Si les automobilistes doivent respecter les règles, ils estiment que tout doit être mis en œuvre pour que les règles soient justes et fiables. Cette fois encore, les leçons de la Sécurité routière n'auront convaincu personne. Quatre pages de « publicité » pour ne rien expliquer. Sinon pour alimenter davantage, comme l'écrivait la Cour des comptes en février 2010, la confusion et la suspicion. À croire que les « boîtes grises » qui jalonnent nos routes ressemblent à celle de Pandore...

Sanctions automatiques et contestations difficiles

En attendant, les « Photomaton » font recette grâce à l'automatisation de la chaîne. Car, qui dit radars automatiques dit traitement informatisé des amendes. Sans cette équation, le système ne peut pas fonctionner à plein régime. « Si l'on installe des systèmes de contrôle automatique le long des autoroutes sans changer la loi, j'explose en vol dans la semaine qui suit. Les tribunaux seront totalement embouteillés », prévient Dominique Perben, ministre de la Justice, en décembre 2003, au lendemain de l'annonce du plan « radars ». L'on changera donc la loi. De quoi s'agit-il exactement ? La seule technique permettant le tout automatique depuis le contrôle des véhicules jusqu'à l'envoi et le paiement des contraventions est évidemment l'imagerie numérique. Cela permet d'interconnecter les fichiers des services impliqués. Sur ce dernier point, la CNIL avait, en 2003, rappelé que l'interconnexion entre les fichiers de plusieurs services était contraire à l'esprit de la loi du 6 janvier 1978. À son tour, l'arrêté créant le système de contrôle sanction automatisé est porté devant le Conseil d'État pour excès de pouvoir. Le motif du recours ? La violation des articles 429 et 537 du code de procédure pénale et des articles 2, 26 et 28 de la loi du 6 janvier 1978. Rien de moins. L'incompatibilité entre le contrôle sanction automatisé et notamment l'article 2 de la loi du 6 janvier 1978 est évidente.

« Aucune décision de justice impliquant une appréciation sur un comportement humain ne peut avoir pour fondement un traitement automatisé d'information donnant une définition du profil ou de la personnalité de l'intéressé », stipule l'article en question. Mais c'est sans compter l'avis du Conseil d'État, rendu le 30 avril 2004 : non, répond-il, le contrôle sanction automatisé ne viole pas la loi, parce qu'il se borne à enregistrer des informations. Pour le Conseil d'État, lesdites informations ne concernent que l'infraction constatée, la sanction et l'identification du véhicule photographié appartenant au titulaire du certificat d'immatriculation et du contrevenant. Ainsi, le système automatisé ne procède en aucune façon à une définition du profil et encore moins à un « fichage » de la personnalité de l'intéressé. La route est libre pour le gouvernement. Elle l'est moins pour les conducteurs.

Dans le système du contrôle sanction automatisé, tout est donc systématique. Y compris bien entendu la majorité des amendes, dont le montant est forfaitisé selon un barème préétabli. La CNIL avait pointé qu'avec ce système le contrevenant n'avait pas les moyens de contester réellement la sanction. Ni d'accéder à l'ensemble des données le concernant. Elle avait vu juste. Contester une amende relève d'un véritable parcours de combattant.

Pour s'opposer au verdict d'un radar, il faut d'abord payer une « consignation préalable » d'un montant égal à celui de l'amende forfaitaire. Sauf si l'on est en mesure de prouver que sa voiture a été vendue ou volée avant l'infraction ou si l'on dénonce la personne à qui on a prêté, ce jour-là, son véhicule. Ensuite, il faut joindre à son règlement la « requête en exonération » en remplissant le formulaire joint à l'amende. En cas de gain de cause, cette somme sera remboursée au bout de plusieurs mois. Mais, attention, il ne faut pas succomber à la tentation et profiter du tarif minoré qui est proposé pour inciter à payer dans le délai des quinze jours. Car, là, l'on se prive tout bonnement du droit de contester. En effet, dans ce cas, ce paiement vaut reconnaissance de l'infraction. Comment faire plus compliqué ? Cette complexité a évidemment fait grincer de nombreuses dents. Après la CNIL, c'est au tour du médiateur de la République de s'emparer du dossier. Car les plaintes affluent, et Jean-Paul Delevoye dénonce ce dispositif « contraire à la jurisprudence de la Cour européenne des droits de l'homme » et à une politique de prévention. Quant à l'association 40 millions d'automobilistes, elle a déposé en octobre 2008 une requête contre l'État français devant la Cour européenne des droits de l'homme, pour juger la légalité du principe de la consignation. « Instaurée dans l'objectif de désengorger les tribunaux, cette automatisation du traitement des contentieux routiers va à l'encontre du droit de comparution du justiciable, explique Laurent Hecquet, délégué général de l'association. Ce système, qui impose aux contrevenants le paiement préalable de leur amende avant toute contestation devant un juge, assimile volontairement la consignation au paiement de l'amende et constitue une atteinte à la présomption d'innocence. » En avril 2011, La Cour européenne ne s'était pas encore prononcée.

D'autres pratiques de l'administration sont épinglées par l'association et le médiateur. Certains officiers du ministère public assimilent bel et bien consignation et amende, bloquant définitivement toute poursuite du demandeur. D'aucuns ne respectent pas l'obligation de transmettre le dossier au juge, même si toutes les conditions de recevabilité sont réunies. « L'officier de police devient juge et partie au mépris des compétences du parquet », souligne Philippe Vénère. Cet ancien chef de la première division de police judiciaire de Paris ne décolère pas sur le système mis au point en 2003, responsable selon lui de toutes ces dérives et de tous ces dysfonctionnements. Pour lui, en adoptant un tel dispositif, la France a alors signé non pas un pacte de prévention mais un acte de déclaration de guerre, de répression pure et simple. Philippe Vénère a été officier du ministère public, de 1992 à 1996, au tribunal de police de Paris. Il témoigne : « Nous recevions le public dans les locaux du tribunal, rue Ferrus, dans le 14e arrondissement de Paris. Quand un automobiliste contestait une amende, nous l'écoutions et examinions le dossier. » Il précise qu'il « classait une affaire lorsque la contravention lui semblait injustifiée ». Aujourd'hui, plus personne n'est reçu. Quand il y a contestation, « ce sont les juges de proximité qui consultent les dossiers.

Mais ce ne sont pas des magistrats, regrette Philippe Vénère, ce sont, vous et moi, des volontaires rétribués à la vacation. Ils émettent des décisions sans argumentation et des jugements sans motif». Certes, selon le montant de l'amende, les contestataires peuvent se pourvoir en cassation ou former un recours auprès de la cour d'appel. Mais, on l'a vu, certaines pratiques, dans la réalité, mettent bien des bâtons dans les roues à ceux qui veulent contester. Philippe Vénère poursuit: «En lisant les arguments des juges de proximité, les magistrats de la Cour de cassation restent souvent pantois.» Dans cette affaire, l'automobiliste aura perdu des points de permis et écopé d'une amende: c'est le principe de la «double peine», s'insurge Philippe Vénère, devenu en quelque sorte le porte-voix des automobilistes pris au piège. Son parcours professionnel ne le prédisposait pourtant pas à endosser un jour cette «fonction».

Ce principe de la double peine renforce le sentiment d'injustice. Un exemple parmi tant d'autres: un gestionnaire d'un centre d'assurance sociale en Provence, 54 ans, plus de trente ans de permis sans aucun «casier», 100 kilomètres parcourus par jour, raconte: «Je reprenais ma voiture en revenant d'une randonnée pédestre. Je n'ai pas bloqué les quatre roues de mon véhicule au stop, que j'ai passé à l'allure d'un homme qui marche.» Il précise: «À cet endroit, un panneau "cédez le passage" aurait suffi. Avec la loi appliquée à la lettre, j'ai écopé d'un retrait de 4 points et d'une contravention.» S'il ne conteste pas la «faute», il estime que le contexte aurait pu être pris en compte. Aujourd'hui, le tout automatisé ne le permet plus. « Cette façon d'administrer des punitions sans prendre la peine d'examiner le contexte n'existe dans aucun autre domaine. Les automobilistes seraient donc plus mal traités que n'importe quel voleur, tueur, assassin, qui, eux, ont droit, et c'est normal, à un procès et un jugement », fait-il justement remarquer. Double peine et exécution !

Entre 5 % et 10 % des infractions font aujourd'hui l'objet de réclamations. Rapporté aux 6 millions d'infractions constatées en 2009, cela fait déjà beaucoup. La montée en puissance annoncée des radars dans les mois et années qui viennent pourrait provoquer une augmentation substantielle de ce pourcentage. Que se passerait-il si les automobilistes en venaient tous à contester la conformité et la fiabilité des PV qu'ils reçoivent ?

Est-ce pour apaiser le discrédit qui frappe le traitement des amendes que la DPICA a été remplacée le 29 mars 2011 par l'Agence nationale de traitement automatisé des infractions ? Sans aucun doute. D'autant que le ministère prévoit d'ici à mai 2012 une généralisation progressive des procès-verbaux électroniques (PVE) pour les différentes infractions routières commises sur le territoire national.

Mais suffit-il de changer une institution pour modifier en profondeur un système qui déraille ? À l'annonce de cette création, l'association 40 millions d'automobilistes s'interroge : « On aurait aimé que le ministère de l'Intérieur nous annonce des mesures telles que l'augmentation des effectifs des officiers du ministère public, dans le centre de Rennes qui traite des contestations [...]. À la place, on a uniquement l'apparition d'une superstructure, un "Pentagone des amendes". »

Certes, le gouvernement, en assouplissant le permis à points, semble avoir entendu la colère des usagers. Mais a-t-il vraiment mesuré combien le cocktail permis à points, radars et automatisation était devenu une potion imbuvable pour la grande majorité des citoyens ?

Une « pompe à fric », les radars ?

Le verdict de l'ancien officier du ministère public, aujourd'hui à la retraite, Philippe Vénère, est, lui, sans appel : « On est passé d'un secteur public placé au service du justiciable à un service public à la solde exclusive de la Trésorerie nationale. Une annexe de Bercy. » Mais, quand on demande aux responsables de la Sécurité routière combien rapportent les radars à l'État, la réponse est : « 3 000 vies. » Michèle Merli, la déléguée interministérielle à la Sécurité routière nommée en 2008, s'insurge : « Arrêtons ce procès injuste fait à cette politique qui sauve des vies. » Elle rappelle que le coût des accidents en France est de 25 milliards d'euros, un montant bien supérieur aux 469 millions d'euros générés en 2009 par les procès-verbaux des radars. « L'insécurité routière qui plombe notre économie est aussi à l'origine de drames terribles, tient-elle à préciser, les accidents mortels en

2009 ont fait 3000 orphelins.» Pour illustrer son propos et montrer combien les machines à verbaliser ont contribué de manière spectaculaire à sécuriser les routes, elle donne des exemples. Pour n'en citer qu'un, elle retient celui de Saint-Martin-l'Hortier, petite commune de Seine-Maritime. En avril 2005, avant la pose d'un radar, dix accidents avaient causé deux morts et neuf blessés graves. Après l'installation du cinémomètre, plus aucun accident n'a été constaté dans cette commune. Ce résultat, espère Michèle Merli, devrait faire taire ceux qui attaquent ce dispositif de contrôle en l'accusant de n'être qu'«une pompe à fric».

Voyons néanmoins les chiffres: les radars ont rapporté à l'État 200 millions d'euros en 2005 contre 106 millions en 2004. Depuis, les recettes n'ont pas cessé d'augmenter: 350 millions d'euros en 2006, 362 millions en 2007, 447 en 2008 et 469 millions en 2009... Ces sommes sont-elles effectivement investies pour sécuriser les routes? se demandent les automobilistes en colère. Mais cette bronca n'est pas nouvelle. Dès 2004, les premières plaintes font réagir nos responsables politiques. Souvenez-vous: pour apaiser le climat, Jacques Chirac, bon prince, propose en décembre 2004 de faire un geste. Puisque le bénéfice des amendes forfaitaires générées par les radars fait jaser, il décide alors qu'il servira à financer le permis pour les jeunes, le fameux permis à «un euro par jour». Une décision pour le moins étrange quand l'intégralité du produit des amendes devait être reversée à la Sécurité routière afin, entre autres, d'améliorer les infrastructures et atteindre ce fameux seuil vertueux de mortalité.

Depuis, le flou persiste. Pour preuve, le rapport déposé en mai 2009 à la Commission des finances par le député UMP Hervé Mariton. Rapporteur spécial du budget des transports à l'Assemblée nationale, le député de la Drôme s'interroge sur la répartition des recettes des amendes radars. En 2009, sur les 469 millions d'euros rapportés par le système de sanction automatisé, 196 millions d'euros auraient servi réellement à l'amélioration du système. Par amélioration du système, il faut comprendre le déploiement et la maintenance des équipements le long des routes et l'exploitation du Centre national de traitement des procès-verbaux de Rennes. En outre, 16 millions d'euros ont permis de financer le fichier national des permis de conduire. Quant aux 257 millions d'euros restants, ils ont été versés aux collectivités locales et à l'Agence de financement des infrastructures de transport de France (AFITF), structure créée en 2004 pour financer des équipements plus sûrs et développer les transports en commun. Conclusion du rapport d'Hervé Mariton : « Cet établissement public (l'AFITF) n'est pas en mesure de justifier clairement l'impact de ses investissements routiers sur la sécurité routière. » Son verdict n'est pas moins sévère à l'égard de la répartition générale des bénéfices des amendes radars : « Il est certain qu'une partie de cette somme a été détournée de sa vocation initiale pour financer divers autres projets sans rapport avec la sécurité sur nos routes. » Les accusations ne sont pas minces. À côté, les critiques des automobilistes font pâle figure. Aussi, il appelle à davantage de rigueur. « Ce système de sanction automatisé est décrié par les automobilistes qui le considèrent comme une pompe à fric. Si on veut faire taire ces critiques et que les radars soient acceptés par une grande majorité d'usagers, il faut être rigoureux et démontrer que l'argent des radars sert bien à la sécurité routière. »

Si, bien entendu, le député ne remet pas en cause le système du contrôle sanction automatisé, il émet de grandes réserves également sur le Centre national de traitement (CNT) des procès-verbaux de Rennes, qui gère toute la chaîne de traitement automatisé des infractions routières et emploie près de 350 personnes. Les automobilistes qui paient leur amende par chèque connaissent bien cette adresse, à défaut d'avoir visité ses 11 000 m² de locaux flambant neufs et hautement sécurisés. Hervé Mariton, qui, lui, a eu ce privilège, en a gardé « une désagréable impression ». La structure du CNT, qu'il décrit comme une véritable usine, « est dirigée par les entreprises privées », explique-t-il, sans avoir à sa tête « un vrai patron sur place ». Les entreprises en question ? Sphéria, une filiale de La Poste ; Atos, pour l'informatique ; Sagem Défense Sécurité, chargée de la fabrication et de la mise en place des radars automatiques fixes ainsi que d'une partie de leur maintenance ; SPIE, pour les radars de vitesse ; Aximum, filiale du groupe Colas, pour les dispositifs feux rouges et enfin Phone marketing, pour le centre d'appels téléphoniques.

Après une telle leçon de rigueur et de justice, l'on pourrait penser que les choses ne peuvent rester en l'état. Qu'en est-il quelques années après la remise du rapport du député de la Drôme ? Rien ne semble avoir été modifié. Mieux : le discours officiel reprend les mêmes arguments et affirme que « les recettes des radars sont réinvesties dans l'amélioration de la sécurité routière et le développement de moyens de circulation plus sûrs ». C'est écrit tel quel dans le quiz de l'encart « publicitaire » à visée pédagogique déjà évoqué, publié en mars 2011 dans la presse par la Sécurité routière. La preuve que les rapports n'ont qu'un seul mérite, celui d'avoir été écrits. L'on y apprend néanmoins que « le solde éventuel contribue au remboursement de la dette publique » !

Les pouvoirs publics ont donc beau jeu de jurer leurs grands dieux que les radars n'ont pas pour but de remplir les caisses, ils ont bien des difficultés à nous convaincre. Qui sait, par exemple, à qui revient le montant de l'amende dite majorée, celle que l'on paie quand on a dépassé les délais ? Eh bien, cette amende, considérée alors comme une condamnation judiciaire, est empochée totalement par l'État. Quel talent ! Le montant de la cambriole ? Difficile d'annoncer un chiffre. Sur le sujet, les autorités sont muettes. Probablement de l'ordre de 150 à 200 millions d'euros, voire davantage. Pour mémoire, les amendes majorées s'élèvent selon les infractions entre 180 et 375 euros.

Un système qui explose !

Jusqu'à quel point de non-retour les conducteurs supporteront-ils la répression ? Déjà, 9 millions de points retirés et plus de 90 000 permis invalidés en 2009. Mais, avant que les automobilistes s'organisent en syndicat, le système pourrait bien exploser en plein vol. Il est déjà aujourd'hui transgressé par des pratiques illégales : cartes grises falsifiées, dénonciation de son père, grand-père, tante et cousin, recherche de témoins pour certifier que l'on ne conduisait pas sa voiture le jour de la verbalisation etc., afin d'éviter des retraits de points pour excès de vitesse. En outre, plus de 11 000 infractions aux plaques d'immatriculation ont été relevées en 2009 : fausses déclarations, fausses plaques, inscriptions erronées... Loin d'applaudir les auteurs de ces mystifications, force est de constater que le système répressif engendre ces comportements antisociaux. Du côté de l'administration, le spectacle n'est pas plus réjouissant. Et s'il donne lieu à des situations cocasses et ubuesques, partout les signaux clignotent au rouge. Les divers rouages informatiques, celui du traitement automatisé des amendes comme celui du tout nouveau système national informatisé, s'enrayent dans une vraie pagaille. Le système se transforme en un guignol capable d'envoyer des PV à des conducteurs ayant vendu leur voiture depuis plus de quatre ans. Ou de verbaliser dans le 7e arrondissement de Paris un engin agricole ou un robuste Massey Ferguson devant les marches de l'Opéra-Bastille... Big Brother montre ses limites.

Avec l'augmentation du nombre de radars en 2011 et le renforcement prévu d'ici à 2013, l'association 40 millions d'automobilistes qualifie même le permis à points de «bombe à retardement». Dans une simulation, l'association estime que d'ici à 2014 le nombre de PV pourrait atteindre 26 millions par an. Si une telle situation perdure pendant cinq années de suite, une explosion du nombre de permis nuls est à prévoir. «On aura dans dix ans plus d'1 million de permis invalidés chaque année. La reconstitution de son permis deviendra alors une gageure.»

3

Une question de société

Conduire sans permis

Perdre un à un les points de son permis et ne pas réussir à faire un « sans-faute » durant le délai requis pour les récupérer, telle est actuellement la norme. Aujourd'hui, conserver intact son capital de 12 points ou parvenir sans encombre à le reconstituer est devenu un défi. Quant aux points regagnés après les stages de sensibilisation à la sécurité routière, ils sont souvent de nouveau avalés par les flashs des radars... Un cercle vertueux infernal. « C'est un peu le principe de la roulette russe, un jeu décrit dans la littérature et dans lequel seule une chance infime permet de s'en sortir. Ou bien encore, la roulette au casino. Quand on a perdu, il arrive que l'on regagne un peu avant de reperdre une nouvelle fois jusqu'à ce que la malchance de nouveau s'abatte sur vous et que la machine s'emballe et envoie le signal fatal. Alors rien ne va plus », se désole Dan,

33 ans, tapissier décorateur, qui se demande « si ce jeu peut vraiment prendre le nom de prévention ».

Découragés par le principe de la tolérance zéro, l'excès de répression, la complexité et la cherté des recours juridiques, certains franchissent la ligne jaune.

En 2009, parmi les conducteurs arrêtés par les forces de police sans permis de conduire, plus de 43 000 circulaient malgré le retrait du sésame ou avec un sésame non prorogé. Bien entendu, ne sont comptabilisés que ceux qui se font prendre. En réalité, ils sont bien davantage. Les chiffres parlent d'eux-mêmes : en 1993, un an après la mise en service du permis à points, 600 suppressions de permis. En 2006, 8 millions de retraits de points font sauter 70 000 permis de conduire. En 2007, le chiffre passe à 88 700. Puis, en 2008, il approche les 100 000 pour descendre en 2009 à plus de 90 000. Mais, entre l'augmentation attendue des radars d'ici à 2013 et la balance arithmétique compliquée des infractions et des délais de récupération, le nombre des automobilistes qui vont retrouver leurs 12 points risque d'accuser un effondrement assez spectaculaire en 2010, prévoit l'association 40 millions d'automobilistes.

Didier – qui a demandé à rester anonyme, comme tous les témoins rencontrés –, 53 ans et plus de trente ans de conduite, est commercial en matériel agricole. Il parcourt près de 8 000 kilomètres par mois. Téléphone portable à l'oreille, dépassements de vitesse – entre 10 et 30 km/h sur l'autoroute –, oubli de la ceinture… Ces fautes qu'il estime « légères » ont eu raison de son permis. «Je continue à rouler et je n'ai rien dit à mon employeur, explique-t-il. Je fais très attention, car, évidemment, ce que je crains le plus, c'est l'accident. Je vis très mal cette situation.»

En attendant de pouvoir repasser l'examen du code, Daniel, 39 ans, n'a pas le choix non plus. Il conduit, l'œil rivé sur les panneaux. «J'enfreins la loi avec appréhension, concède cet ingénieur en informatique. À l'heure où la voiture est pour beaucoup un outil indispensable pour travailler, les radars répriment trop aveuglément.» Luc n'en est pas encore là. Mais, compte tenu des 35 000 kilomètres par an qu'il effectue dans le cadre de son métier, il se sent «condamné à plus ou moins brève échéance à perdre son permis de conduire». Il ne décolère pas face à la traque permanente et «les incessants changements de limitation de vitesse, parfois injustifiés ou, pire, contradictoires».

Quant à Jean-André, 54 ans, il affirme: «Sauf infraction grave, je roulerai sans permis si l'on devait me le retirer.» Ce gestionnaire d'un centre de santé dans le sud de la France ne se considère pourtant pas comme un voyou de la route, mais, avec les radars, il «roule 120 kilomètres par jour sous le coup d'une menace permanente».

Alexandre – de Perpignan – s'est fait sanctionner pour plusieurs dépassements et confie: «Mon travail m'oblige à être sur la route du lundi au samedi depuis plus de vingt ans, et je n'ai jamais aussi mal vécu ces déplacements que depuis ces dernières années. Cette peur permanente de se faire flasher pour des broutilles est un facteur de stress très dommageable pour la sécurité. J'attends avec impatience ma mutation pour un poste sédentaire dans ma société.» Le permis de Serge n'a pas survécu aux quelques infractions, téléphone portable, oubli de la ceinture, etc., et la dernière en date, un dépassement de 30 km/h sur l'autoroute: «Je le reconnais, je roulais à 160 sur l'autoroute en direction de Beauvais, il faisait beau, la route était plus que dégagée, j'ai dû croiser tout au plus une vingtaine de voitures, et le risque d'une collision était nul, mais la sanction est tombée sans appel ni prise en compte des circonstances. C'est injuste.» Martin est commercial indépendant. Peu à peu, il perd 11 points, se promet de s'inscrire à un stage mais le temps passe et voilà qu'il perd le 12e point, le dernier. Permis suspendu... Il lui faut attendre six mois pour repasser l'examen. «Vous connaissez des gens qui peuvent se passer de travailler et de gagner leur vie pendant six mois? Moi, ce n'est pas mon cas...» Alors, il l'avoue, il conduit sans le sésame avec la peur permanente d'être contrôlé et d'avoir un accident, ce qui ne lui est jamais arrivé depuis qu'il est sorti victorieux de l'auto-école, il y a plus de quinze ans: «C'est ça ou être condamné au chômage.»

Le fait de conduire sans permis n'est certes pas nouveau, mais, depuis 2005, le phénomène s'amplifie dans de graves proportions. Les automobilistes dont on a retiré le papier rose continuent de rouler, le plus souvent par nécessité. En 2008, un sondage IFOP-*Auto Plus* le constatait déjà : 56 % des personnes interrogées se disaient prêtes à rouler sans permis dans au moins une des situations suivantes : « Exceptionnellement, en cas d'urgence », « De temps en temps, si besoin » et « Régulièrement pour se rendre au travail ». Le constructeur automobile Volvo, inventeur de la ceinture de sécurité à trois points, par le biais d'un sondage CSA « Les jeunes et la sécurité », fait le même constat deux ans plus tard. À la question : « Imaginons que votre permis soit suspendu ou annulé, diriez-vous qu'il est possible que vous soyez malgré tout amené à conduire votre véhicule ? », 27 % des personnes sondées répondent par l'affirmative parmi lesquelles 14 % précisent « certainement ». Un documentaire filmé par le réalisateur Bertrand Delais et diffusé en mars 2008 sur France 5 montre une séance d'un stage de récupération de points menée par un psychologue formateur. Le réalisateur laisse s'exprimer également quelques-uns de ces conducteurs illégaux qui font parfois la une des journaux. Parmi eux, ceux qui n'ont pas pu récupérer quelques points « en vente » sur Internet témoignent face à la caméra. Yann, menuisier dans la région bordelaise, roule sans le sésame car comme Martin, « sans voiture, c'est le chômage ».

Michèle, 54 ans, conduit depuis l'âge de 20 ans. Signalement : ni infraction grave ni accident, et une réputation de « mamie » qui lui vaut bien des moqueries, car elle respecte plutôt à la lettre les limitations de vitesse. Michèle habite dans la région de Poitiers. Pour se rendre à Béziers, elle rejoint l'A75 où elle a été flashée à deux reprises, une première fois à 14h13, car elle roulait à 99 km/h au lieu de 90; une seconde fois à 19h58 pour une conduite relevée à 90 sur une portion d'autoroute limitée à 80. Sanction: deux amendes de 86 euros chacune et 2 points en moins. «Avaler 650 kilomètres dans une journée et être fautive de deux petits dépassements, est-ce que cela mérite d'être "punie"? Est-ce cela la prévention?» interroge Michèle, formatrice en diététique, qui, pour sortir de la spirale du chômage, accepte depuis trois ans toutes les vacations qu'on lui propose. «Si j'avais les moyens, je contesterais, non pas l'exactitude des radars mais l'injustice de telles décisions, car la machine ne sait pas que je suis une conductrice prudente et scrupuleuse et que ces amendes m'obligent à acquitter des agios à ma banque», explique-t-elle dans une colère contenue. Elle poursuit calmement: «Je ne refuse jamais une vacation car j'ai besoin de faire entrer ne serait-ce qu'un petit salaire, de faire face aux échéances des factures, du prêt de ma maison et des frais d'éducation de mes enfants. Mais, à chacun de mes déplacements, je prends la route avec la panique de perdre des points et mon permis de conduire et donc de ne plus pouvoir travailler du tout. Financièrement, je ne peux pas m'offrir un stage de récupération de points et je ne pourrai pas repasser l'examen si l'on devait me retirer mon permis... mais à la façon dont les radars cartonnent, je sais que cela peut arriver très rapidement.»

On le voit, il n'y a pas de profil type pour celles et ceux qui conduisent ou seraient amenés à conduire sans avoir le sésame rose dans leur portefeuille. Ils ont entre 20 et 60 ans et ne sont pas étiquetés délinquants. Ce sont des femmes, des mères, des hommes et des pères, des chauffeurs de taxi, des commerciaux qui avalent des kilomètres de bitume tout au long de l'année. Il y a autant de cadres que d'ouvriers, de jeunes comme de moins jeunes... C'est monsieur et madame Tout-le-monde. Les spécialistes de la sécurité routière comme les forces de police l'attestent. Même si, selon les chiffres du ministère de l'Intérieur, les femmes sont bien moins concernées que les hommes, toutes statistiques confondues (nombre d'infractions, points retirés, permis au solde nul...).

Pour Philippe Vénère, ancien chef de la 1re division de police judiciaire de Paris, ex-officier du ministère public chargé des procès-verbaux, « c'est sans conteste l'instauration du permis à points [en 1989] avec la multiplication des contrôles et des sanctions automatiques qui a poussé les conducteurs à devenir hors la loi, malgré eux ». Jacques Myard, député (UMP) des Yvelines, qui a repris à son compte cette admonestation célèbre de Georges Pompidou : « Arrêtez d'emmerder les Français ! » explique : « La conduite sans permis n'est plus le fait d'une population marginale, mais de personnes qui estiment ne plus avoir le choix », dénonce-t-il dans la proposition de loi déposée le 19 mai 2009, visant à supprimer le retrait de points pour les petites infractions et à soumettre l'opportunité de l'annulation du permis de conduire en cas de solde de points nul à l'autorité administrative.

Il n'est pas question pour l'élu «de contester que l'insécurité routière a baissé significativement. Il faut sanctionner fortement les infractions lourdes: vitesse, alcool, cannabis, etc. Mais pourquoi sanctionner des conduites à 56 km/h au lieu de 50?... Avec les voitures modernes, on sait qu'il suffit d'un bref appui sur l'accélérateur pour se faire piéger. De plus, il y a des situations absurdes où l'on se fait flasher pour rien».

Comme M. Vénère, M. Myard déplore «cette politique basée essentiellement sur la répression, accroissant le nombre de permis invalidés au point qu'aujourd'hui rares sont les personnes conduisant régulièrement qui ont encore la totalité de leurs points, chacun étant susceptible de commettre une légère infraction».

Ce n'est pas l'avis du ministère de l'Intérieur qui relève que «peu de conducteurs perdent leur permis à la suite de petites infractions». Ce n'est pas l'avis non plus des associations pour la sécurité routière, qui lient les suspensions de permis à l'accumulation de perte de points à cause de l'alcoolémie et de la grande vitesse. Chantal Perrichon, présidente de la Ligue contre la violence routière, une association fondée en 1983, qui «agit pour que la plus meurtrière des délinquances en France soit traitée avec la gravité qu'elle mérite», est catégorique. «Les suspensions du permis par accumulation de perte de points sont presque toujours liées à une faute de 6 points consécutive à la boisson», assure-t-elle en 2009. Interrogée à ce sujet par *La Dépêche du Midi* en août 2010, elle explique que les Français ne perdent pas tous leurs permis de conduire à cause des radars : « Les personnes qui ont perdu leur permis à la suite de plusieurs retraits de points sont une toute petite minorité selon les chiffres officiels. En revanche, les gens qui perdent leur permis de conduire sont ceux qui commettent de graves infractions sanctionnées par la perte de 6 points. On voit donc bien que l'effet pédagogique du permis à points est réel. »

Pourtant, les statistiques 2009 du ministère placent le nombre d'infractions pour alcoolémie loin derrière la vitesse, les règles de circulation, de priorité et de port de ceinture ou de casque... L'alcoolémie concernerait, selon les chiffres officiels, 167 000 infractions (constatées) exactement. Si chacune d'elles coûte 6 points, on est loin des chiffres officiels de 2009 annonçant plus de 9 millions de points retirés. Quant aux excès de vitesse, bien que les chiffres ne soient pas clairement donnés, l'on sait que plus de 80 % des infractions concernent de petits excès de vitesse. Alors que la Sécurité routière parle de voyous coupables de graves infractions et de grands excès de vitesse. Si c'était le cas, l'on ne voit pas pourquoi la Sécurité routière ne s'emparerait pas de ces chiffres pour communiquer plus efficacement. Elle se contente de donner des statistiques approximatives établies par l'accidentologie mondiale (OCDE et Conférence européenne des ministres des Transports) et de mettre un terme à la polémique en publiant un encart dans la presse avec ce message : « 1 % de vitesse en moins, c'est 4 % de morts en moins. » Le discours officiel est ainsi passé des excès de vitesse inadmissibles du fait de comportements criminogènes à la dangerosité d'un dépassement de 1 % de la vitesse autorisée. Autant dire à l'industrie automobile de fermer ses usines ; aux collectivités locales de rouvrir les dessertes de cars intercommunaux... Car chacun le sait bien, ni les compteurs des voitures les plus perfectionnées ni même le geste des conducteurs les plus précis ne peuvent à 1 % près régler la vitesse de leur véhicule. Ce calcul confine à la pathologie. Toutefois, dans des documents officiels mais moins divulgués (les grandes lignes du bilan de la Sécurité routière 2009), l'on peut lire : « Les très grands dépassements de la vitesse limite ne concernent désormais qu'une petite frange de conducteurs (moins de 1 %). »

Carence d'informations et autres « bugs »

Il y a les infractions qui coûtent des points et annulent le permis. Il y a aussi un circuit d'information insuffisant qui, en outre, ne tient pas compte de la vie des personnes ou d'éventuels dysfonctionnements.

Dominique a suivi un stage de sensibilisation à la sécurité routière en 2010. « Cela m'a permis de mieux connaître le système du permis à points, sa complexité et les résultats de sa mise en œuvre », écrit-il en préambule d'une longue lettre argumentée adressée à sa députée des Yvelines. Ce stage fut pour lui « une prise de conscience des conséquences dramatiques qu'un retrait de permis peut entraîner. J'ai constaté aussi que pour bon nombre de participants, ceux qui roulent beaucoup professionnellement, il est pratiquement impossible de savoir où ils en sont de leurs points, les délais de transmission des avis étant parfois très longs et les occasions de fautes, multiples... » Par exemple, la lettre adressée par les services de police informant l'automobiliste du retrait effectif des points, ou lui indiquant que son permis est invalidé pour solde de points nul, ne parvient pas toujours à son destinataire... Certains conducteurs prennent donc le volant sans même savoir qu'ils n'ont plus de permis.

Les raisons de ce dysfonctionnement ? Selon les avocats spécialisés, il s'agirait d'abord d'une simple erreur d'adresse. Autres motifs ? La lettre est renvoyée à l'expéditeur quand la personne est absente de son domicile. Mais, dans la mesure où il y a eu envoi d'une lettre recommandée, l'administration considère qu'il y a bien eu « notification ». « Non, rétorque le ministère de l'Intérieur, la lettre est accompagnée d'un accusé de réception. » Dialogue de sourds. Si la personne est absente de son domicile, elle ne pourra donc pas aller chercher la lettre recommandée dans un délai de quinze jours, et cette dernière est bel et bien renvoyée. Pour autant, la sentence s'applique, y compris en l'absence de la signature de l'intéressé sur l'accusé de réception.

Ce procédé a des conséquences redoutables. Claude est reporter photographe dans une agence de presse. Il passe sept mois de l'année à parcourir la planète. Le reste du temps, il est entre Paris, où ses enfants habitent avec leur mère, et son domicile dans le Sud-Ouest. Résultat de son nomadisme : Claude ne reçoit pas son courrier. Il est donc passé à côté des recours. Ignorant qu'il était sous le coup d'une interdiction de conduire, il s'est offert une petite escapade avec l'une de ses filles. « C'est en témoignant dans le cadre d'une collision survenue entre deux autres véhicules devant moi que les policiers m'ont signalé que j'étais un hors-la-loi. J'ai eu beau leur dire que je n'étais pas au courant et que, si je l'avais été, je n'aurais sûrement pas accepté de témoigner et de présenter mon permis aux autorités, rien n'y a fait. J'ai été sanctionné. Depuis, je suis plongé dans une spirale administrative ubuesque. » Philosophe malgré tout, il avoue avoir eu de la chance : « J'aurais pu être impliqué dans la collision et là j'entrais dans l'horreur. » Car pas de permis, pas d'assurance valable. Dans ce cas, la compagnie rembourse les victimes puis se retourne contre l'automobiliste sans sésame valide. « Certains paient ainsi toute leur vie », soulignent les nombreux avocats interrogés, qui estiment que la lettre recommandée 48SI (envoyée avec accusé de réception) informant les contrevenants de l'invalidation de leur permis devrait être remise en mains propres par un huissier ou les forces de l'ordre. « C'est un procédé forcément plus coûteux que les autorités n'ont guère envie de mettre en place », soulignent-ils.

Du côté des autorités, l'on évoque Internet, que les conducteurs peuvent consulter afin de s'informer de leur situation et éviter une invalidation de leur permis pour nullité de solde de points. En effet, depuis le 2 juillet 2007, un téléservice est accessible depuis le site Internet du ministère de l'Intérieur, mais, à entendre les griefs de certains conducteurs, ce dispositif s'avère inefficace. Le nombre de points donné par le service Télépoints ne tient pas compte des actions en cours ni des éventuelles mesures qui sont sur le point d'être prises (annulation, suspension du permis...). Il ne fait pas état non plus des éventuelles autres infractions commises et non encore enregistrées dans le système national des permis de conduire. Il s'agit donc seulement du solde de points affectés au dossier de permis de conduire à l'instant T de la visualisation sur l'écran *via* le Net. De plus, l'administration n'étant tenue à aucun délai pour enregistrer les retraits de points, certaines soustractions interviennent des années plus tard sans aucune clarté ni logique chronologique. Le ministère de l'Intérieur avait promis que l'historique des infractions ferait partie des améliorations attendues par la refonte du fichier national du permis de conduire. Mais cette refonte est un projet de longue haleine. Lancé en 2006, ce chantier de rénovation a été retardé, notamment par l'élaboration et la mise en œuvre du permis à puce. S'il est prêt comme prévu dans le courant de l'année 2011, il ne sera de toute façon opérationnel qu'en 2012. D'ici là, les dysfonctionnements causeront bien des dégâts.

Ratés administratifs

Les ratés d'une administration à la fois tatillonne et brouillonne provoquent des cataclysmes. Le nombre des PV injustifiés ne cesse d'augmenter, mettant en lumière des situations grotesques. Marina a reçu le 15 mars 2011 une lettre recommandée avec accusé de réception (LRAR), la 48SI, bien connue des automobilistes en délicatesse avec l'administration, lui annonçant qu'elle n'avait plus de points, les derniers retirés datant d'une infraction de janvier 2007, c'est-à-dire plus de quatre ans auparavant. Elle assure n'avoir reçu aucune information préalable au courrier recommandé, ce que l'administration semble confirmer, n'ayant retrouvé aucune trace de l'envoi d'une lettre antérieure. Que s'est-il passé ? Comment Marina va-t-elle se sortir des fourches Caudines de la machine à sanctions, « l'usine à gaz » dont parlait le député Hervé Mariton, lors de sa visite en 2009 au centre de Rennes ? Le parcours de Philippe promet d'être lui aussi semé d'embûches. Le même type de courrier recommandé lui signifie en février 2010 l'annulation de son permis. Toutefois, les deux dernières infractions relevées à Metz ne sont pas de son fait. Il habite dans le Gard et n'est jamais allé dans ce berceau de la dynastie carolingienne, qu'il ne connaît qu'au travers des livres. Il est professeur d'histoire. L'on peut penser qu'il n'aura aucune difficulté à prouver sa bonne foi. Mais c'est sans compter, explique Rémy Josseaume, juriste dans les contentieux automobiles, les dysfonctionnements d'un « système de gestion administrative des amendes entièrement robotisé, une véritable machine automatique qui n'a pas de bon sens humain ». En outre, Philippe appartient au camp des allergiques aux paperasses. Il ne vérifie aucune de ses factures ou aucun de ses relevés de compte... C'est en recevant la LRAR 48SI, l'informant que son permis lui est retiré – à charge pour lui d'aller le remettre dans les meilleurs délais à la préfecture –, qu'il s'est aperçu du traquenard dans lequel il se trouve. Il découvre alors une saisie sur son compte pour le paiement d'une amende de 75 euros. « Je n'ai jamais reçu le moindre courrier et aujourd'hui il m'est impossible de vérifier le procès-verbal de l'infraction et surtout le cliché de l'infraction dans la mesure où j'ai réglé l'amende à mon insu. » Il présume une erreur, vraisemblablement due à « un homonyme habitant dans la même ville que lui et présentant des similitudes d'état civil surprenantes mais réelles ». Ce soupçon confirmé et la preuve de l'identité dudit homonyme dans la poche, Philippe n'est pas au bout de son combat. En attendant, Marina et Philippe conduisent. Ils n'ont pas d'autre alternative pour se rendre à leur travail. Gérard vit également la même mésaventure pour avoir payé une amende de 90 euros avant de l'avoir contestée.

Et quand l'accident arrive...

En juin 2008, pour la première fois, les chercheurs de l'Observatoire national interministériel de la sécurité routière ont mesuré l'ampleur du phénomène des sans-permis. Le chiffre noir est révélé, après une étude sur les accidents routiers et leurs auteurs : 300 000 conducteurs rouleraient sans permis. Ils sont donc nombreux ceux qui passent entre les mailles du filet policier. En 2009, les contrôles ont permis de verbaliser 66 376 conducteurs qui n'avaient jamais passé l'examen et 43 536 qui conduisaient malgré le retrait de leur sésame...

Selon ce même Observatoire, ces conducteurs illégaux sont néanmoins relativement peu impliqués dans les accidents mortels. Un document de la Sécurité routière de novembre 2010 étudiant la répartition des accidents le confirme : en 2009, les conducteurs sans permis impliqués dans des accidents corporels et mortels constituaient « une part très faible de l'accidentalité ». Toutefois, précisent les auteurs de ce document, cette part représente « une gravité deux fois plus importante que pour des conducteurs avec permis », en raison le plus souvent d'une alcoolémie positive.

Pourtant, de l'alcool, cette conductrice de 34 ans, qui a fait la une des journaux au printemps 2008, n'en avait pas pris. Sur une route de la région de Marseille, avec son permis bien plastifié dans son portefeuille, elle se croyait tout à fait en règle. Mais problème : elle avait pris le volant sans savoir qu'elle n'en avait plus le droit. Comme

Claude, Philippe, Marina et Gérard… Sauf que, ce jour de mai 2008, ce fut le choc et l'horreur. Être impliqué dans un accident mortel constitue déjà en soi une catastrophe. Mais, quand on apprend par les policiers que l'on a perdu son permis à la suite de plusieurs infractions d'excès de vitesse et de conduite avec un téléphone portable, les mots manquent pour qualifier l'horreur de la situation. La conductrice expliquera qu'elle ne savait pas que son permis avait été invalidé. En effet, la lettre recommandée lui avait bien été adressée mais elle ne l'avait pas reçue, le courrier ayant été renvoyé à l'expéditeur en raison d'un problème d'adresse. La plupart des avocats spécialisés interrogés, on l'a vu, ne s'en étonnent pas… Mais ce drame pose réellement la question de l'information des conducteurs. En juin 2008, les sénateurs Nicolas About et Pierre Jarlier ont déposé une proposition de loi « tendant à assurer une plus grande équité dans notre politique de sécurité routière, notamment en matière de retrait des points du permis de conduire ». Dans leur exposé, ils notaient déjà : « Il n'est pas rare de voir des assurés, à l'occasion d'un accident de voiture, s'apercevoir mais trop tard que le véhicule qu'ils croyaient assuré ne l'était plus. »

Pas de permis, plus de travail et beaucoup de galères

Reste deux autres questions : la notification, quand elle est connue des conducteurs, suffit-elle à les dissuader de prendre le volant ? Dans une société où la voiture est devenue un outil de travail, comment faire sans ?

Didier, Serge, Martin, Marina et les autres, privés de leur permis, ne peuvent pas faire sans. Alors, ils ont sauté le pas. Ils transgressent sans bonheur ni fierté. Submergés plutôt par une honte mal définie d'être malgré eux des « hors-la-loi » et par un fort sentiment d'injustice d'être devenus des « délinquants » pour « pas grand-chose ». Ils transgressent avec angoisse. Comme tous ces livreurs, commerciaux, agents immobiliers, taxis, conducteurs de travaux publics, chefs d'entreprise, artisans qui prennent le volant sans le sésame rose valide... Conduire est leur outil de travail. Ils connaissent la sanction qu'ils encourent. Mais ils sont surtout effrayés par le risque d'accident.

Terrible résultat d'une répression excessive et d'une machine qui se prend les pieds dans ses propres turbines.

Des petites infractions, quelques légers dépassements de vitesse, parfois plus importants... L'enchaînement est terrible. Plus de permis, plus de travail. Plus de travail, plus de revenus. Pour peu que l'on exerce, par exemple, le métier de commercial, la vie devient un enfer. Mais pas seulement. De nombreuses autres professions nécessitent la conduite d'un véhicule. Ceux qui se rendent à pied de leur domicile à leur travail sont désormais l'exception. Les emplois dits sédentaires nécessitent une durée de transport allant de vingt minutes à deux heures, voire davantage. Du reste, la loi n° 2008-758 du

1er août 2008 relative aux droits et devoirs des demandeurs d'emploi prévoit, dans son article premier, parmi les critères définissant une offre raisonnable d'emploi, une distance maximale de 30 kilomètres entre l'emploi proposé et le domicile, ou bien un emploi situé à moins d'une heure de transports en commun par jour. Enfin, les centres-villes possèdent des zones périurbaines tellement vastes que les sans-voiture y font figure d'extraterrestres. Quant à la campagne – et le rêve d'y avoir sa maison, son pavillon et son jardin, qui a attiré vers elle tant de citadins –, elle ne peut guère se concevoir sans véhicule. Bref, partout, tout a été conçu sur le principe de la mobilité.

Dans ce schéma, la sanction automatisée a sans doute plongé dans le chaos le système du permis à points. Mais rendons justice à quelques-uns de nos responsables politiques : certains d'entre eux se battent depuis des années pour appeler à la raison. Dès l'élaboration du permis à points en 1989 ou au moment de l'installation des radars en 2003, de nombreux députés avaient évoqué les possibles effets pervers d'une politique trop répressive. Ils avaient vu juste...

Et, en 2008, contrairement au ministère de l'Intérieur qui estime que l'on ne perd pas son permis à coups de petites infractions, les sénateurs About et Jarlier, dans leur proposition de loi, soulignent : « Au bout d'un certain laps de temps, le cumul de plusieurs petits excès de vitesse peut ainsi conduire à l'invalidation pure et simple du permis. » Les deux sénateurs dénoncent encore un règlement « particulièrement injuste », qui condamne un contrevenant, ni délinquant ni danger public, alors que « le permis de conduire constitue, pour bon nombre de nos concitoyens, un moyen indispensable d'insertion sociale, un gage d'autonomie, une condition *sine qua non* à la recherche d'emploi, un titre d'ailleurs jugé indispensable par de nombreux recruteurs ».

À l'occasion d'un drame ou d'un simple contrôle, ces milliers d'automobilistes, ceux qui transgressent, font parler d'eux. Les journaux titrent : « Un nouveau fléau sur les routes » ou « Le danger de la France sans permis ». Mais il y a la partie immergée de l'iceberg, une France silencieuse sur laquelle ne sont pas braqués les projecteurs. Combien sont-ils ceux qui acceptent la règle et respectent la loi ? Qui rendent leur permis et travaillent sans leur véhicule ? Difficile de le savoir. En revanche, s'ils ne roulent pas la peur au ventre, ils vivent une vraie galère, faite de débrouilles et d'arrangements, quand ils ne sont pas obligés de pointer au chômage et de survivre grâce aux minima sociaux. Être condamné à ne pas conduire, c'est pour beaucoup bien davantage que la double peine.

Le permis de Guy, 59 ans, lui a été confisqué à la suite de petites infractions. Il travaille dans l'audiovisuel et transporte des équipes de tournage et des journalistes. « Il faut répondre aux exigences des uns et des autres. Comment ne pas écoper de contraventions, même si l'on est très prudent ? » Guy a pu compter sur la compréhension de son employeur. En attendant de repasser le code, on lui a confié un autre poste dans des bureaux. Patrick, 56 ans, polyglotte et chauffeur de grande remise, n'a pas eu la même chance. Mis en demeure de remettre son permis de conduire sans avoir reçu l'avis préalable qui lui aurait permis de s'inscrire à un stage, afin de récupérer quelques points, il est entré depuis 2008 dans une spirale dont il ne voit pas la fin. Son permis supprimé, il se choisit un autre métier. « Je me suis réinséré et lancé dans l'épicerie fine à Paris, avant que la crise des *subprimes* me mette sur le carreau en quelques mois. J'ai tout perdu. Je me suis alors retrouvé bénéficiaire du revenu de solidarité active (RSA), en délicatesse avec le propriétaire de mon appartement et sous le coup d'une expulsion. » Grâce à des aides, Patrick repasse en juillet 2010 l'examen du code de la route. Il pense pouvoir reprendre son activité de chauffeur. La fin de ses galères approche, croit-il. Or, elles sont loin d'être terminées. La préfecture ne peut pas lui accorder un permis de grande remise. Car son sésame récupéré est considéré comme probatoire pour une durée de trois ans. « Exactement comme pour un jeune qui n'a jamais conduit de sa vie. » Depuis, Patrick multiplie les démarches, mais malgré l'énergie qu'il déploie, le sentiment d'avoir été sanctionné injustement reste une blessure : « En ce qui me concerne, les retraits de points de permis ne sont en aucun cas dus à des infractions graves, alcoolémie ou grande vitesse, mais à une accumulation de "fautes" bénignes, d'autant que, dans mon métier, ce qui prime, c'est le service rendu au client. Ce dernier est tout aussi exigeant que les patrons à qui il est impossible de dire que vous êtes arrivé en retard à l'aéroport et que le client est furieux… »

La vie de Thomas s'est aussi transformée en galère quand, après un contrôle, il est positif au test d'alcoolémie. Il avoue avoir bu quelques verres, qu'il paie très cher aujourd'hui : « J'habite dans la région de Vitré, presque en rase campagne, où la vie sans voiture est un véritable enfermement. Il n'y a plus de gares, plus de services de cars, plus de commerces de proximité. Sans voiture, je ne peux pas trouver de travail ni être autonome », assure ce jeune de 24 ans qui venait de terminer ses études d'ingénieur paysager. Évidemment, ceux qui habitent en ville ne rencontrent pas les mêmes difficultés. Cela fait quatre mois que Caroline jongle entre les divers moyens de transport à sa portée : le vélo, le tram, le covoiturage et parfois l'auto-stop. « Par bonheur, je travaille en centre-ville et j'habite dans la banlieue nantaise relativement bien pourvue en transports. Néanmoins, j'ai dû réorganiser totalement ma vie quotidienne et familiale, car je mets presque deux heures de plus. C'est très fatigant. Je compte un à un les jours jusqu'à ma "libération" », dit cette mère de famille qui vit seule avec ses deux enfants. Elle n'ose même pas avouer qu'eux aussi pâtissent de la sanction, privés de leurs habituelles activités sportives et musicales. Quant à celles et ceux qui vivent dans la région parisienne, leur sort est certes plus enviable mais ressemble à un parcours de marathonien. « J'habite dans le Val-d'Oise, et se déplacer de banlieue à banlieue relève vraiment d'un exercice sportif. Finalement, je regrette d'avoir voulu, il y a quelques années, quitter Paris. La société a tout construit autour du déplacement en voiture, et cette politique de la sanction ne s'applique ni de façon juste ni de manière égalitaire. Elle renforce fortement l'inégalité territoriale et envoie les moins favorisés tout droit au chômage », témoigne Adrien, publicitaire.

Combien de personnes se sont-elles retrouvées licenciées à partir du jour où elles ont perdu leur permis ? Les statistiques n'existent pas, semble-t-il. Certains avocats spécialisés dans la défense des automobilistes avancent des chiffres : ils seraient 20 000 à 30 000 à avoir été renvoyés à la case Pôle emploi. Ce chiffre est bien sûr à manier avec précaution. Il provient d'un calcul aléatoire entre le pourcentage des clients – licenciés – reçus dans certains cabinets d'avocats et le nombre total de permis invalidés (92 123 en 2009).

Toutefois, en ce qui concerne notamment les commerciaux dans l'immobilier, le chômage reste, en effet, le point d'arrivée le plus probable après l'invalidation d'un permis. René à Paris, Yvon à Saint-Malo ou Sandrine à La Rochelle ont été remerciés sans détour. Dans d'autres professions, le licenciement prend la forme de congés sans solde. Encore une fois, les chefs d'orchestre de la Sécurité routière n'ont pas mesuré la portée de leur politique répressive. Quel rapport entre un vrai délinquant, souvent récidiviste, et un monsieur et madame Tout-le-monde, qui utilisent leur voiture pour aller travailler? Sans compter l'humiliation et l'injustice ressentie, parce que, au-delà d'une réponse à une transgression, ce qui est infligé ici est bien une punition. Jacques Salomé, psychosociologue, définit la punition comme « une sanction majorée par la subjectivité de celui qui la donne ». C'est pour cela qu'elle est souvent vécue comme injuste. La punition est prise, explique-t-il, « non pour réparer mais pour accentuer la culpabilité ou servir d'exemple, comme cela, il ne recommencera pas ».

Ces sanctions-punitions sans appel représentent-elles vraiment le mal nécessaire pour l'avènement d'une route enchantée? Transforment-elles les conducteurs en automobilistes irréprochables et parfaits? L'on peut en douter. Pour bon nombre d'entre eux, la leçon est trop rude, injuste et disproportionnée. Pour René, « c'est absurde, l'on confond tout, les chauffards qui foncent avec un coup dans le nez et les automobilistes qui roulent à des vitesses parfois à peine supérieures à la limitation ou qui ne voient pas les panneaux parce que, devant eux, il y a deux camions. J'ai récupéré mon permis, il y a trois mois, après la période de punition. Crédité de 6 points au lieu de 12 – autre punition –, je viens déjà d'en perdre 2 pour rien, et cela va très vite. C'est grave de priver les gens de leur emploi ». Ce à quoi, Gérard Gachet, ancien porte-parole du ministère de l'Intérieur, répond: « Les gens qui roulent plus sont évidemment plus exposés, mais doivent aussi être plus responsables... »

Priver les automobilistes de leur emploi est, en effet, une affaire grave. Aussi, dans une décision du 13 mars

2009, le Conseil d'État a-t-il autorisé un chauffeur de taxi – 11 infractions – à conserver provisoirement son permis de conduire, estimant que son invalidation aurait eu des conséquences sur son « activité professionnelle et sa situation financière » et que le maintien de la validité de son permis « n'est pas inconciliable avec les exigences de sécurité routière ».

Cette décision signe-t-elle le retour du « permis blanc », une disposition que l'on croyait supprimée par la loi du 12 juin 2003 ? Ce n'est pas si simple. Cette décision du Conseil d'État a fait grand bruit en son temps, relayée par tous les médias. Or, pour de nombreux avocats, elle ne constitue ni le retour inespéré au permis blanc ni une première juridictionnelle. Le « permis blanc » reste une faveur que le juge peut accorder à l'automobiliste, afin qu'il puisse disposer de son permis de conduire pour travailler, pour des motifs graves d'ordre médical ou familial. Elle n'a en réalité jamais été supprimée. La loi de juin 2003 a seulement restreint son champ d'application, rendant draconiennes les conditions qui permettent aux tribunaux administratifs de suspendre l'annulation d'un permis, prononcée par le ministère de l'Intérieur. Cette procédure, régie par l'article L 521-1 du code de justice administrative, continue d'être employée par les juridictions.

Pour autant, du côté de la Sécurité routière, les dangers d'une France sans permis, pour reprendre le titre d'un ouvrage écrit par le journaliste Airy Routier paru en mars 2007, n'est qu'un mythe. Certes, ce livre est essentiellement à charge, et sa virulence même enlève du crédit à son propos. Mais la réponse de la Sécurité routière ne convainc pas plus. L'institution se refuse à écouter les critiques constructives et rejette en bloc les arguments de ceux qu'elle continue à considérer comme des délinquants, alors que les opposants au tout répressif, eux, ne remettent pas en cause la nécessité de la prévention, bien au contraire. Le système est jugé injuste par un nombre grandissant d'usagers. Ses effets pervers et ses dysfonctionnements sont dénoncés non seulement par les conducteurs mais également par des responsables politiques et jusqu'au médiateur de la République, qui ne peut être taxé de laxiste. La Sécurité routière se contente sur son site de répondre ceci : « Le permis à points couplé au système de contrôle sanction automatisé au niveau de la saisie des infractions et de leur traitement par une bureautique performante a atteint ses objectifs. » Et plus loin : « La réduction de la mortalité de près de 50 % n'est pas le produit d'un dispositif aveugle qui a échappé à ceux qui l'ont imaginé et mis en place, c'est à l'opposé la réussite exceptionnelle de l'usage des connaissances pour créer un dispositif adapté qui a atteint ses objectifs au prix de contraintes faibles. » Comment peut-on être si mauvais en matière de prévention et de pédagogie ?

Dérives, combines et trafics en tout genre

Une bonne loi peut-elle entraîner autant d'effets pervers et de dysfonctionnements ? Nous en avons énoncé un certain nombre dans ces pages. Mais il nous reste à évoquer toutes les autres combines et dérives générées à la fois par le système lui-même et par le génie de « l'instinct de survie » propre à tout être humain. Ainsi, ici et là, l'on achète des points en maison de retraite dont les résidents n'utilisent plus leur véhicule. Trois points pour 400 euros, selon les cas, avec lesquels les grands-pères et autres aïeux s'offrent quelques fantaisies. Dans toutes les antennes régionales de la Sécurité routière, l'on serait en droit de s'étonner de cette étrange réalité : les locataires des maisons de retraite sont nombreux à avoir repris le volant. Bien sûr, il s'agit de la voiture des enfants, petits-enfants, cousins, cousines, tantes et oncles, etc. Quand l'amende arrive chez ces derniers, ils déclarent que c'est papy qui conduisait. En conséquence, les points sont retirés sur le permis dudit papy... La France vieillissante va aimer de plus en plus reprendre la route... Ce système, Jérôme, 32 ans, l'applique à ses très proches qui utilisent peu leur voiture « afin d'économiser ses points de permis si faciles à perdre quand on conduit beaucoup », à charge pour lui de rembourser le montant de l'amende. Puis, on l'a vu, pour récupérer des points, l'on peut dénoncer un proche, équiper sa voiture de fausses plaques, faire ses achats de points sur le Web selon les cours (entre

150 et 450 euros), si l'on n'a pas le temps de s'inscrire à un stage.

Quant aux stages, le malheur des uns fait le bonheur des autres, comme dit l'adage. Plus de 1 500 centres dans toute la France, très souvent des sociétés au petit capital. Mais, avec 9 millions de points retirés en 2009 et un prix libre, variant généralement entre 250 et 300 euros, la filière est prospère. Les avocats, eux aussi, prospèrent. L'augmentation du nombre de contrôles routiers et la sévérité de la répression ont fait fleurir en ville et sur Internet des cabinets spécialisés. Certains d'ailleurs, de plus en plus nombreux, interviennent exclusivement dans ce domaine. Ils rendent à coup sûr de grands services et sont très certainement précieux pour démêler des conflits de plus en plus compliqués. Mais leurs honoraires ne sont pas à la portée de tous. Variables, selon que s'applique le tarif horaire ou forfaitaire ou bien au résultat, les prix vont de 900 à 4 000 euros. Bien sûr, il ne s'agit pas ici de contester leur travail d'homme de loi ni de leur reprocher de se faire payer. C'est bien normal, quoique la note paraisse parfois un peu lourde. Ce qui est en jeu ici est l'esprit de la loi.

4

Les arguments pour une autre politique de sécurité routière. Moins de répression, plus de prévention

À la rubrique des drames

Samedi soir, 16 avril 2011, un drame à Chelles, en Seine-et-Marne, fait trois morts et trois blessés. Toute la presse du lendemain ou presque en parle. L'accident ouvre tous les journaux télévisés. L'information est relayée avec force images, témoignages des riverains, des parents des victimes, des passants et de l'épicier du quartier : « Vers 19 h 45, le chauffard, un homme âgé de 44 ans, a foncé dans un abri bus où des personnes attendaient l'autobus. » « Le chauffard qui a tué deux adultes et une fillette était ivre et conduisait sans permis. » « Le père de l'enfant (tué) a été hospitalisé dans un état sérieux mais son pronostic vital n'est pas engagé », apprend-on au fil des actualités. « La fille de l'automobiliste qui se trouvait dans la voiture a elle aussi été blessée et hospitalisée à Montfermeil, en Seine-Saint-Denis. » Dimanche matin, des riverains déposent des gerbes de fleurs devant la carcasse de l'abribus, situé sur un rond-point de l'avenue des Sciences, entre la cité des Coudreaux de Chelles et les cités de Montfermeil. Lundi soir, une marche silencieuse, organisée à la mémoire des trois victimes, réunit plus d'un millier de personnes à Chelles. Séverine, la belle-sœur de la mère tuée sur le coup, déclare à l'Agence France-Presse (AFP) : « On ne peut pas admettre que ce conducteur ait agi ainsi. Ce n'est pas tolérable. Alexandra n'avait que 28 ans et sa petite ne demandait qu'à vivre. » Interviewé lundi par France 2, sur son lit d'hôpital, le père de famille rescapé a jugé que l'automobiliste était « vraiment un sauvage ». « C'est pas facile à vivre, je ne me sens pas bien du tout car il y a ma femme et ma fille qui sont restées sur le lieu de l'accident, ma femme est décédée sur place, je l'ai vue partir. » Le chauffard était le « copain » d'un épicier de Chelles. Le commerçant raconte à l'AFP qu'il refusait parfois à l'automobiliste de lui vendre de l'alcool en lui conseillant « d'arrêter de faire des conneries ». Un témoin compare ce drame à un « film d'horreur ».

Au fil des heures et des flashes, les commentaires et les informations de sources policières s'étoffent : l'automobiliste, « connu des services de police pour conduite sous l'emprise de l'alcool et pour rébellion », aurait déjà été contrôlé positif en juin 2010. On a relevé dimanche soir une alcoolémie « très élevée de 1,24 gramme par litre de sang ». Or, la réglementation interdit de conduire avec un taux d'alcool égal ou supérieur à 0,5 gramme par litre de sang. Un autre témoin dénonce : « Cela était prévisible, car ce rond-point est mal dessiné, c'est mal fichu, la signalisation n'est pas bonne, cet endroit est dangereux. »

Autre drame à Paris, en septembre 2008. Un motard de 29 ans renverse une femme qui traversait le boulevard Soult (12e arrondissement) sur un passage protégé. Sous la violence du choc, l'on retrouve épars une jambe et un bras sectionnés. La femme meurt une heure plus tard à l'hôpital. Mis en examen dans la nuit de l'accident pour « homicide involontaire aggravé » par son état d'ivresse, le jeune homme conduisait sans doute très vite, avec 0,8 gramme d'alcool dans le sang alors qu'il était en mission. Car ce motard, « gyrophare » en action, appartient à la police et escortait, semble-t-il, des « dignitaires » ou des « gradés » des forces de l'ordre. Hormis les brèves explications des témoins présents recueillis sur les lieux, l'on n'en saura jamais plus sur l'escorte, les hauts gradés transportés et les circonstances de l'accident. Le drame est peu commenté dans la presse et, après une seule annonce dans les journaux du lendemain matin, il disparaît complètement des infos.

Surinformation d'un côté, désinformation ou omerta de l'autre, sans doute. Mais il ne s'agit pas tant ici de montrer qu'il y a deux poids deux mesures que d'illustrer combien ces criminels de la route ne représentent pas l'ensemble des automobilistes et de déplorer que la prévention en France se caractérise essentiellement par une mise au pilori de tous au nom de quelques-uns.

Boire ou conduire, un choix qui va de soi...

Au lendemain de ce drame de la route, Chantal Perrichon, porte-parole de la Ligue contre la violence routière, constatait: «Depuis 2002, le taux des accidents mortels de la route dus à l'alcool reste autour de 30% et celui des récidivistes est compris entre 10 et 12%.» Selon les données du ministère de l'Intérieur, sur le total des infractions traitées en 2009 (près de 6 millions), 142329 concernent la prise d'alcool, soit une diminution de 4% par rapport à l'année précédente. D'autres données sont délivrées par le bilan 2009 des victimes des accidents liés à la prise d'alcool. L'étude de ce bilan, analysé par le fichier national des accidents corporels de la circulation routière, est dirigée par l'Observatoire national interministériel de la sécurité routière. Il conclut que l'alcool serait responsable en 2009 de 1018 tués, 8104 blessés, dont 4143 hospitalisés. Soit 30% des tués, 14,5% des blessés hospitalisés et 8,5% des blessés légers qui ont été impliqués dans un accident avec alcool (extrait de «L'alcool et autres psychotropes», Bilan de la Sécurité routière, 2009, ONISR, novembre 2010). D'autres chiffres: sur plus de 14 millions d'infractions constatées en 2009, 167040 concernent la conduite sous l'emprise d'un état alcoolique délictueux (159795) et l'ivresse manifeste (7245).

Que l'alcool au volant soit une réelle plaie, cela ne peut être discuté. Mais ce qui ressort aussi de ces statistiques devrait également faire de temps à autre la une des journaux et l'objet de relatifs *satisfecit* de la part des institutions : 140 000 infractions traitées liées à l'alcoolémie et 1 000 accidents mortels dus à la prise d'alcool sur 6 millions d'infractions ou 167 000 infractions constatées liées à l'alcool sur 14 millions d'infractions et le même nombre de morts ne font pas des 40 millions d'automobilistes des hordes de délinquants et des chauffards assassins. Dans un livre paru en 2008, *Tous délinquants ?*, Sylvie Lidgi, docteur en sciences sociales, s'insurgeait : « Non, la réalité de la France au volant ne peut se réduire à une caricature de chauffards ! » Du reste, si les radars sanctionnent les excès de vitesse, petits et grands, ils ne sont pas encore capables de vérifier le taux d'alcool dans le sang. Ne serait-ce pas une preuve supplémentaire que les radars ne rendent pas ou pas assez les services attendus, c'est-à-dire agir pour réduire les zones et les situations accidentogènes ? Sylvie Lidgi ajoute : « De manière générale, les conducteurs sont des gens posés, réfléchis, qui cherchent à améliorer leurs connaissances en termes de comportement routier, plutôt qu'être sanctionnés sans trop savoir pourquoi. » D'une manière générale, les conducteurs, femmes et hommes, ont surtout envie de parvenir à destination dans les meilleures conditions et sans encombre. Cela devrait inspirer les responsables en matière de sécurité routière et leur permettre de mettre en œuvre de réelles campagnes de prévention.

Reste les inconscients... Au lendemain de l'accident mortel de Chelles, Chantal Perrichon, qualifiant d'« inadaptés sociaux » les conducteurs prenant le volant après avoir bu, a demandé que, une fois interpellés, ils soient soumis à deux mesures : l'installation sur leur véhicule d'« un système d'éthylotest antidémarrage et la confiscation du véhicule en cas de récidive ». Dans la même ligne, la Prévention Routière a proposé que soient rapidement signés les décrets d'application de certaines mesures contenues dans la loi votée le 11 mars 2011, la Loppsi 2. La loi d'orientation et de programmation pour la performance de la sécurité intérieure 2 prévoit, en effet, d'installer dans les voitures des éthylotests antidémarrage. Ces appareils seraient imposés aux récidivistes et pourraient concerner, dans le cadre d'une peine complémentaire, tout automobiliste contrôlé avec une quantité d'alcool supérieure à 0,8 gramme par litre de sang.

L'éthylotest antidémarrage a déjà fait ses preuves en Suède, en Allemagne et au Canada. En Suède, où les accidents de la route font moins de 500 morts par an, une organisation non gouvernementale fondée en 1926, MHF (en français, « Association suédoise des conducteurs abstinents »), mène une campagne de sensibilisation pour contraindre les constructeurs automobiles d'installer systématiquement dans leurs séries un dispositif Alcolock. Actuellement, Volvo équipe déjà 25 % de ses poids lourds. Quatre pays – les États-Unis, le Canada, la Finlande et, depuis décembre 2010, la

Belgique – peuvent imposer cet appareil par la voie judiciaire aux récidivistes ou aux conducteurs arrêtés avec une alcoolémie excessive. Cette « peine » alternative, jugée par certains un peu trop coercitive, permet néanmoins d'éviter les amendes et suspensions du permis de conduire qui marginalisent le conducteur. Une sorte de policier intégré qui ne délivre aucun procès-verbal. Une action enfin basée sur la prévention, « pour aider le conducteur à prendre des décisions sensées », explique-t-on chez le constructeur suédois.

En France, une expérimentation est d'ailleurs menée depuis 2004 par la Prévention Routière en Haute-Savoie. Une centaine de conducteurs arrêtés pour conduite en état d'ivresse ont accepté d'utiliser l'éthylotest antidémarrage. Un artisan carreleur a ainsi préféré s'acquitter des 1 200 euros que coûte l'installation d'un de ces appareils plutôt que d'être privé de son permis de conduire pendant six mois. Ce dispositif est obligatoire depuis le 1er janvier 2010 pour les autocars nouvellement mis en circulation et destinés à transporter des enfants. Il est, en outre, prévu que tous les véhicules de transport en commun en soient également équipés d'ici le 1er septembre 2015. Le principe est simple : pour pouvoir démarrer, le conducteur doit souffler dans un éthylomètre. Si son alcoolémie est supérieure à la limite paramétrée par le constructeur, le système agit sur l'antidémarrage et neutralise la mise en route. Toutefois, la généralisation du dispositif n'est pas pour demain, car le coût est élevé – entre 1 200 et 1 600 euros l'unité – pour une installation en série. En Europe, seul le constructeur Volvo propose ce système sur ses S80, V70 et XC70 sous l'appellation commerciale d'Alcoguard.

L'autre mesure, toujours en attente d'un décret d'application, concerne la mise à disposition obligatoire d'éthylotests dans les débits de boisson dont la fermeture intervient entre 2 heures et 7 heures du matin. Cette dernière mesure, l'on s'en souvient, était une des promesses de Georges Sarre. Lors de la vive discussion du 11 mai 1989 à l'Assemblée nationale, qui devait instaurer le permis à points, le secrétaire d'État avait annoncé qu'ils seraient prochainement installés dans tous les lieux où l'on consomme de l'alcool… Les promesses ont fait long feu… Vingt ans après, où sont-ils donc, ces éthylotests ?

De son côté, l'Automobile-Club médical de France, une association à but non lucratif fondée en 1952, élargit le débat suscité par le drame survenu le 16 avril 2011 à Chelles (Seine-et-Marne). Pour les médecins de cette structure, c'est le phénomène de l'alcool de manière globale qu'il faudrait prendre en compte. Hors les routes, il fait plus de 50 000 victimes par an, rappelle le docteur Philippe Lauwick. Quant à Philippe de Condé, l'alcool, il connaît. Avant de créer AD'HOC, une petite structure de prévention des addictions, il a été pendant plus de quinze ans un buveur invétéré. Sans jamais être ivre, il a passé toutes ces années à conduire comme un irresponsable. Il craint qu'une peine de prison de vingt ans ne serve pas à grand-chose pour changer le comportement de ce conducteur de Chelles, responsable de ce drame routier. Pour lui, la société entière est concernée, car presque tout le monde boit et pas seulement les personnes alcoolo-dépendantes.

Toutefois, ne noircissons pas le tableau. L'on ne peut occulter que le comportement des Français a changé par rapport au cocktail alcool-conduite. Dans le passé, personne ne prêtait attention à un invité qui quittait la table passablement ivre pour prendre le volant. Cela ne choquait personne. Aujourd'hui, c'est l'inverse, quoi qu'on en dise. Chacun y pense, prévoit qu'un camarade abstinent assure le retour. Ou bien l'on convie les « picoleurs » à rester sur place pour passer la nuit ou à rentrer en taxi... Tout le monde sait que deux verres suffisent. Les campagnes de prévention successives ont porté leurs fruits. Qui ignore aujourd'hui que l'alcool constitue un danger sur la route ? Qui ne connaît pas le slogan « Boire ou conduire, il faut choisir » ? Il est entré dans la mémoire collective au point que, selon un sondage CSA-*Le Figaro* réalisé en octobre 2008, il était le slogan « préféré » de 48 % des Français interrogés. Demandez autour de vous, tout le monde connaît l'adage. Certains jeunes pensent même qu'il s'agit d'un proverbe bien de chez nous ! Et pourtant, cette campagne de la Sécurité routière date de 1978 ! C'est dire que la prévention donne de meilleurs résultats que la répression !

Du reste, Jean-Yves Salaün, délégué général adjoint de l'association Prévention Routière, le confirme : « Dire que l'alcool est devenu la cause première des accidents de la route ne signifie pas forcément que la situation s'est aggravée. En 2002, l'alcool revenait dans 25 % des cas d'accidents mortels, ce qui est un peu moins qu'aujourd'hui, et pourtant, cela représentait quelque 2000 morts par an. »

Enfin, le sait-on assez, depuis le début des années 1960, la consommation d'alcool a considérablement diminué. L'Observatoire français des drogues et des toxicomanies met régulièrement à jour les données issues des travaux de l'Organisation mondiale de la santé (OMS), de l'Insee et d'autres groupes de travail. Les chiffres parlent d'eux-mêmes : au début des années 1960, la consommation d'alcool par habitant âgé de 15 ans et plus s'établissait à 26 litres d'alcool pur par an. En 2000, soit quarante ans plus tard, cette consommation a été divisée par deux. Puis, entre 1990 et 2009, la baisse a été d'un peu plus de 20 %. À noter néanmoins que si ce mouvement de baisse se poursuit, la courbe descendante est moins franche depuis 2005 et reste stable depuis 2008.

La baisse est due à la forte diminution de la consommation de vin, boisson française, s'il en est. En 2010, les Français sont 17 % à boire du vin régulièrement contre 51 % en 1980. De buveurs réguliers, ils deviennent des buveurs occasionnels. On boit moins au quotidien au profit d'une consommation plus festive lors de moments privilégiés. La tendance est identique pour les deux sexes. En 1980, 69 % des hommes affirmaient boire du vin régulièrement, 22 % occasionnellement et 9 % pas du tout. En 2010, ils sont 26 % à boire régulièrement du vin, 46 % à être des consommateurs occasionnels et 28 % à s'abstenir. Du côté des femmes, il y a trente ans, 37 % d'entre elles en consommaient régulièrement et une même proportion de façon occasionnelle. Elles n'étaient que 27 % à ne pas en boire du tout. En 2010, 47 % des femmes sont de parfaites abstinentes.

Et pour ceux qui douteraient encore que les Français aient pris le virage de la modération, voire de l'abstinence, en ce qui concerne la boisson du terroir, on leur conseillera de visionner, parmi les trésors que détient l'Institut national audiovisuel, une vidéo de 1964, en noir et blanc. Un document d'exception ! Il s'agit d'une enquête menée à Lyon. Bernard Frangin, écrivain et journaliste au *Progrès de Lyon*, y interviewe un certain docteur Genet à propos de la consommation de vin et ses effets sur la santé. Ce médecin sportif estime que, pour un quidam, 3/4 de litre de vin par jour sont une quantité raisonnable et il conseille même la boisson pour améliorer le moral des sportifs, à raison d'un verre par repas... Ramenées à l'horizon 2011, où le vin et l'alcool n'ont pas droit de cité à la télévision, ces images d'archives permettent de mieux mesurer le chemin parcouru...

Pour l'anecdote, Bernard Frangin, décédé en 2001, amoureux de son terroir du Beaujolais, ne dédaignait pas les plaisirs de la table et de la bonne bouteille, tout comme le cinéaste Bertrand Tavernier, qui l'avait engagé à jouer son propre rôle dans le film *L'Horloger de Saint-Paul*...

En tout cas, les conducteurs ne seront plus les seuls à mettre de l'eau dans leur vin... Depuis le 21 avril 2010, une circulaire du ministère de l'Intérieur interdit aux compagnies de CRS toute consommation d'alcool pendant les repas. Jusqu'à présent, selon une précédente circulaire datant du 10 janvier 1989, les boissons de 2ᵉ groupe, c'est-à-dire les boissons fermentées non distillées telles que le vin, la bière, le cidre, le poiré, les vins doux naturels, étaient autorisées en accompagnement des principaux repas. Cette restriction n'est pas du goût des forces de l'ordre qui jugent cette mesure exagérée. Sera-t-elle réellement appliquée ? L'avenir le dira. Mais il est à craindre que, si les syndicats policiers la contestent, ils ne trouveront pas beaucoup d'automobilistes pour les soutenir.

Toutefois, si la conduite sous l'emprise de l'alcool reste la principale cause d'accident mortel de la circulation routière, les infractions et délits sont heureusement en baisse de 2 à 10 %.

La vitesse, pomme de discorde

Bien sûr, les policiers appliquent les règles venues de leur hiérarchie et les automates qui les ont remplacés sur le bord des routes ne font que ce qu'ils savent faire. Ils le font sans distinction mais avec excellence pour réprimer tous les excès de vitesse, y compris ceux qui n'ont aucune incidence sur l'accidentologie et la mortalité. En revanche, la performance des radars ne permet pas de sanctionner l'état d'ivresse ou le conducteur qui vient de prendre des substances hallucinogènes, ces dernières étant par ailleurs en progression... C'est dommage quand on sait que l'alcool est impliqué dans 20 à 30 % des accidents mortels. Si, de surcroît, des notes internes parviennent aux services, leur fixant des quotas d'infractions routières à relever, comme celle qui aurait été distribuée aux brigades du commissariat de Pau – ce que révèle le journal *Sud-Ouest* le 17 février 2011 –, alors, évidemment, l'on comprend pourquoi les infractions à la vitesse sont en constante augmentation. Pour remplir les objectifs, rien n'est plus facile que de sanctionner à l'aveugle. Et de laisser penser que la vitesse est la grande responsable des accidents de la route.

À ce stade de la réflexion, il est bon de répéter les chiffres : en 2009, sur les 6 millions d'infractions traitées, plus de 4,5 millions concernaient des infractions pour excès de vitesse. Avec près de 10 millions de PV sur plus de 14 millions d'infractions constatées au code de la route, les infractions à la vitesse constituent 70 % du total des contraventions (en dehors du stationnement irrégulier). De quels excès s'agit-il ? Selon les chiffres officiels de la Sécurité routière pour l'année 2009, rendus publics en juillet 2010, « la vitesse moyenne des véhicules légers, tous réseaux confondus, continue de baisser, mais légèrement, pour atteindre 80 km/h en moyenne fin 2009. Les très grands excès de vitesse (supérieurs à 30 km/h) se font encore plus rares en 2009 et deviennent marginaux (moins de 1 % des conducteurs de véhicules légers) ».

Ce document est disponible sur le site du ministère de l'Intérieur/Sécurité routière. Il va sans dire qu'il contredit les messages catastrophistes et alarmants tenus par les farouches partisans de la répression routière. Ainsi, les automobilistes ont donc bien des raisons de penser qu'ils sont injustement punis pour des petits excès de vitesse. Ils disent donc vrai quand ils mettent en doute l'impact réel des radars sur la sécurité routière. Les tenants d'une politique préventive ne cessent de le dire depuis plus de dix ans. Ils ne peuvent qu'être étonnés d'entendre les autorités affirmer que les conducteurs ne perdent pas de points avec une série de petits excès de vitesse, quand la Sécurité routière déclare sur son site que la grande vitesse est devenue marginale. Ceux qui sont opposés à cette politique de répression sont encore davantage dubitatifs quand ces mêmes autorités affirment qu'une baisse de la vitesse de 10 km/h permettrait de réduire de 35 % le nombre des victimes de la route. Sauf à considérer bien sûr qu'un accident mortel sous l'emprise d'un état alcoolique, de nuit, sur une route départementale et à une vitesse excessive est un accident dû exclusivement à la vitesse. Ce que Philippe Vénère, ancien officier du ministère public, formule d'une autre manière : « La vitesse n'arrive qu'en 3e ou 4e position dans les causes de l'accident, mais pour faire court, si vous réunissez l'alcool, les stupéfiants, la fatigue et la vitesse, l'accident a toutes les chances d'arriver. » Mais, en matière de répression de la vitesse, le dernier document d'information de la

Sécurité routière, ce dépliant inséré dans la presse le 30 mars 2011, va encore plus loin. Il n'est plus question d'une baisse souhaitable de la vitesse de 10 km/h mais d'un pourcentage de « 1 % de vitesse en moins » qui permettrait d'obtenir « 4 % de morts en moins ». Il est vrai que ce dépliant semble avoir pour unique fonction de faire l'apologie des radars.

Pourtant, de nombreuses études mises en avant par les opposants à une politique strictement répressive montrent que bien d'autres facteurs sont impliqués dans l'accidentologie, notamment l'état des routes, l'aménagement des carrefours, la signalisation routière. Ces études évoquent également des causes peu prises en compte, telles que la fatigue ou la somnolence, effectivement difficiles à sanctionner mais responsables d'un bon nombre d'accidents. De même, pour évaluer la baisse de la mortalité sur les routes, il convient de mettre en perspective la baisse du trafic, les équipements plus performants des véhicules ainsi que le changement de comportement des Français.

Car, à l'instar de la consommation d'alcool et de vin, les Français sont aujourd'hui moins accros à la vitesse qu'hier. Les années Bugatti, lancées par Paul Morand et André Derain, ont vécu ! « L'homme pressé » des Années folles avait érigé la vitesse et les horizons lointains en art et manière de vivre... Quant à la conductrice aux pieds nus, la romancière Françoise Sagan, elle aussi vouait un culte aux belles cylindrées. Au souvenir de ses échappées à bord des Renault Gordini, Jaguar, Bristol,

Ferrari et autres Aston Martin, voiture dans laquelle elle frôla la mort le 14 avril 1957, elle écrivait : « La vitesse n'est ni un signe, ni une preuve, ni une provocation, ni un défi, mais un élan de bonheur. » Hier déjà, cette ivresse de la vitesse n'appartenait qu'à une infime partie de la population. Aujourd'hui, si les jeunes en sont encore grisés, elle est de moins en moins tendance. Motards et automobilistes se soucient davantage de leur confort et de leur santé. De nombreux facteurs ont développé ce que les sociologues appellent le « souci de soi ». Les concepts de « comportements à risques », « gestion des risques », « bien-être », « écologie », « bien vieillir », etc., relativement récents, attestent d'une société plus responsable et plus hygiéniste. D'une certaine façon, le virus du sida, le chômage persistant et les crises économiques successives ont eu raison des « années plaisir ». Enfin, les routes ne possèdent plus le monopole de la mobilité. La « bagnole », devenue plus utilitaire, est prise de vitesse par le TGV et les vols *low cost*. Au point que, depuis 2002, le nombre de kilomètres parcourus par véhicule est en baisse, selon les études de l'Insee.

Moins de voitures, moins d'accidents

Instauré en décembre 2008, le dispositif de prime à la casse a permis aux Français de bénéficier d'une remise pour l'achat d'une voiture neuve peu polluante. Cette prime fixée à 1 000 euros en 2009, 700 euros au 1er janvier

2010, a été ramenée à 500 euros au 1er juillet 2010 contre la mise à la casse de leur ancien véhicule. Ainsi, le marché de l'automobile dopé par les subventions de l'État atteint un record en 2009 : 2,3 millions de voitures neuves ont été immatriculées, selon les chiffres du Comité des constructeurs français d'automobiles (CCFA). Mais la générosité a ses limites. La subvention versée par l'État lui coûte 500 millions d'euros par an. Comme ses cousines, « la balladurette » en 1994 et la « juppette » en 1996, la prime à la casse, destinée à soutenir un secteur automobile durement frappé par la crise, a montré ses limites. Elle a pris fin le 31 décembre 2010.

Et qui dit crise du secteur automobile dit baisse du trafic routier. Cette diminution n'est pas nouvelle. Déjà, en 2003, les ventes de voitures particulières en France avaient baissé de 6,3 % par rapport à 2002. Avec 2 009 254 immatriculations, le marché hexagonal franchissait alors de justesse la barre des 2 millions de voitures neuves, au grand soulagement des industriels et également de l'État pour qui, rappelons-le, la voiture constitue un véritable trésor. Hasard ou nécessité, cette même année, les premiers radars faisaient leur apparition...

Passé l'impact des dernières primes à l'achat d'automobiles, la baisse des ventes de voitures pourrait donc se poursuivre. Mais, au-delà de la baisse des ventes de véhicules, l'usage même de la voiture est en recul en France. Une analyse réalisée en 2007 par la société d'études économiques et de conseil en stratégie BIPE indique que la mobilité des Français en voiture particulière, exprimée en voyageurs/kilomètre, diminue de 0,8 % chaque année depuis 2003 alors qu'elle augmentait depuis dix ans. Ainsi, le nombre moyen de kilomètres annuels parcourus par véhicule baisse régulièrement. Cette tendance pourrait s'accélérer dans les années à venir : le BIPE prévoit qu'à l'horizon 2015, en France, le nombre moyen de kilomètres annuels parcourus par véhicule à essence baissera de 1,5 % par an et celui par voiture diesel de 2 %.

C'est une tendance qui est déjà à l'œuvre dans les villes. Les Français préfèrent utiliser les autres modes de transport. Le développement des offres de transports publics urbains, avec l'extension des lignes de métro, la mise en marche des lignes de tramway et la multiplication de l'usage du vélo et des voies réservées aux deux-roues, explique pour une grande part ce changement de comportement. Sans compter les contraintes liées au stationnement qui ont un effet dissuasif grandissant. De même, le réseau des lignes à grande vitesse et les offres *low cost* des compagnies aériennes contribuent à faciliter les départs en province et à l'étranger des familles.

Enfin, depuis le premier choc pétrolier en 1974 jusqu'aux dernières hausses spectaculaires des carburants, les Français ont pris l'habitude de laisser leur voiture au garage. De 1960 à 1989, les dépenses de consommation de carburants ont progressé de 5,4 % par an en moyenne à prix constants. Depuis lors, elles stagnent et diminuent même depuis 2002, en raison des fortes hausses de prix et d'une baisse du kilométrage parcouru. En 2010, la consommation française de carburants continue de reculer, de 2,4 % par rapport à celle de 2007, selon l'Union française des industries pétrolières (UFIP). Elle avait déjà connu une chute spectaculaire de 12 % en novembre 2008 par rapport à novembre 2007. Cette baisse avait fait trembler les professionnels. « C'est du jamais vu ! Sans vouloir faire du catastrophisme, c'est absolument considérable », s'était écrié Jean-Louis Schilansky, le président de l'UFIP. Au vu de ces constats, l'automobiliste serait en droit de se poser la question suivante : ces différentes baisses cumulées n'ont-elles pas un impact sur la baisse de la mortalité sur les routes ? Moins de voitures à l'achat, moins de kilomètres parcourus et moins de carburant acheté à la pompe ne font-ils pas mathématiquement moins d'accidents ?

Des voitures plus performantes

Un autre constat impressionnant : il y a quarante ans, la France dénombrait deux fois moins de voitures mais deux fois plus de tués sur la route qu'aujourd'hui. Quelques chiffres pour mémoire : en 1970, 16 545 personnes sont tuées sur les routes de France, 10 289 en 1990. En vingt ans, plus de 6 000 vies ont été épargnées. Doit-on attribuer cette baisse aux radars ? Sûrement pas. En 1990, ils ne faisaient pas encore partie du paysage routier. Le constat est identique pour les blessés : leur nombre passe de 371 818 en 1970 à 225 860 en 1990.

C'est que les voitures des années 1960 et 1970 n'étaient pas conçues avec les mêmes exigences de sécurité que les automobiles actuelles. Loin s'en faut. Flash-back sur les routes des *sixties*. Une voiture part le 3 janvier 1960 de Lourmarin, un village du Luberon dans le département du Vaucluse. La nationale 7 conduit l'équipage sans encombre jusqu'à Lyon puis la voiture s'engage sur la nationale 6 en direction de Paris. Arrêt à Sens pour une pause déjeuner à l'Hôtel de Paris et de la Poste. Il est 13 h 50 le 4 janvier quand l'automobile traverse Pont-sur-Yonne. Paris approche. Mais, au lieu-dit le Petit Villeblevin, dans l'Yonne, peu avant Villeneuve-la-Guyard, la voiture quitte la route, toute droite à cet endroit. Elle heurte un premier platane puis percute et s'enroule autour d'un deuxième arbre. Tout l'avant de la voiture est littéralement arraché. Le superbe coupé sport disloqué est sectionné en deux. Le châssis s'est tordu contre l'arbre. Le choc projette le moteur à gauche à plus de 30 mètres avec la calandre et les phares. Un pneu est propulsé au milieu de la route. L'on retrouve sur le bitume et dans les champs aux alentours, éparpillés sur des dizaines de mètres, le tableau de bord et les portières, des morceaux de la carcasse brisée de ce qui fut l'élégante Facel Vega FV3B. Tous les occupants sont éjectés du véhicule sauf Albert Camus, assis près du conducteur. L'Étranger s'en est allé… Une bien douce expression pour atténuer le choc. L'écrivain, prix Nobel de littérature en 1957, est tué sur le coup. Son ami, Michel Gallimard, le neveu de l'éditeur, qui conduisait la belle Facel Vega, est gravement touché. Il ne survivra pas. Seules survivantes de cet effroyable accident, les deux passagères à l'arrière, plus légèrement blessées. Quant à Floc, le chien des Gallimard, également dans la voiture, il ne fut jamais retrouvé... Les journaux d'alors évoquent la vitesse excessive. On parle de 180 km/h. Ou d'un malaise du conducteur ou encore de l'éclatement d'un pneu. L'on ne parle ni de la fatigue ni d'un déjeuner arrosé. Pas davantage de la robustesse de la fatale Facel aux 355 chevaux... Mais les images muettes de l'accident que l'on peut voir sur le site des archives de l'INA en disent long. La voiture est belle mais elle n'est pas faite pour résister à un choc. Du reste, un ami de Gallimard et de Camus, René Étiemble, imminent grammairien, n'a jamais caché que la faute, à son avis, incombait à la voiture même. En vue d'un procès contre le constructeur, Étiemble, plus habitué à décortiquer la littérature et les liens culturels entre la Chine et l'Europe que les causes d'un accident, mène pourtant l'enquête. Accumulant un large faisceau de preuves, il parvient à la conclusion que la roue arrière gauche se serait bloquée. Selon lui, l'incident s'était déjà produit à deux reprises, et Michel Gallimard s'en était inquiété. En lui rendant sa voiture après une réparation, le garagiste aurait même dit : « Cette voiture est un tombeau. » Pour Étiemble, aucun doute : « J'ai longtemps enquêté et j'avais les preuves que cette Facel Vega était un cercueil. » Mais soit que le constructeur ait voulu étouffer l'affaire ou que la famille Gallimard n'ait pas souhaité s'appesantir sur ce pénible épisode, le procès des héritiers de Camus contre le constructeur tranchera, attribuant la cause de l'accident à la vitesse excessive peu compatible avec l'état et la pression des pneus.

On pourrait multiplier les exemples dramatiques. Quelle était la robustesse de la voiture de Sylvie Vartan, une Osi aux formes avant-gardistes quand, en 1968, sur la départementale 134 à la hauteur de Bois-d'Arcy, elle heurta et s'encastra dans une fourgonnette Peugeot 404 ? Quels sont les équipements de sécurité de la DS conduite par Johnny Hallyday et de la même Sylvie Vartan, qui roulent sur les routes verglacées en direction de Besançon ? Quelle est la tenue de route sous la pluie de la Renault de Françoise Dorléac, tuée à la sortie de Villeneuve-Loubet sur l'autoroute A8, le 26 juin 1967 ? Quelle est la cause du choc qui s'est produit le 28 septembre 1973 entre le coupé Rolls-Royce Silver Shadow – modèle 1968 – du fantaisiste Fernand Raynaud et la bétaillère qu'il percute sur la route de Riom ? L'enquête estimera que le virage à cet endroit ne présentait pas de danger particulier à condition de l'aborder à une vitesse raisonnable. Alors, vitesse excessive ou malaise ? On ne le saura pas. Dans une page intitulée « Destins ou accidents », le site de la Sécurité routière évoque sept drames routiers dans lesquels sept personnages célèbres ont trouvé la mort. En conclusion, l'auteur de la page fait le constat suivant : des « accidents très différents, avec cependant un point commun : les véhicules impliqués roulaient trop vite et la plupart d'entre eux étaient inutilement puissants ». Puissants sans aucun doute. Toutefois, la gendarmerie évoque alors d'autres accidents survenus dans le virage qui a coûté la vie à l'humoriste Fernand Raynaud et a causé d'autres morts au même endroit, dont trois jeunes gens qui roulaient en 2 CV, quelques semaines auparavant...

Pourquoi ce long retour sur des accidents ayant touché des célébrités ? En aucune façon, il ne s'agit ici de faire revivre des drames qui ont meurtri leurs proches. Des milliers de personnes, célèbres et anonymes, ont perdu la vie sur la route dans ces années-là. « Ils roulaient trop vite », sans aucun doute. Mais l'on oublie trop souvent de dire que les voitures d'aujourd'hui possèdent des dispositifs de sécurité dont ne disposaient pas du tout les voitures d'il y a trente et quarante ans. En cas de collision, ces dernières se transformaient en véritables pièges. « Avant, l'on se tuait à 50 km/h », rappelle Patrick Joffrin, directeur de l'unité d'essais expérimentaux de l'INRETS, l'Institut national de recherche sur les transports et leur sécurité.

Plus que les radars, les fantastiques progrès technologiques ont permis de faire reculer l'hécatombe routière. C'est tellement vrai qu'aujourd'hui encore les voitures de collection sont le cauchemar des urgentistes, qui voient sous leurs yeux un spectacle dont la cruauté est bien une survivance des années passées, que, pour la plupart d'entre eux, ils n'ont pas vécues.

En février 2011, Philippe Vénère assiste à un carambolage en série. « Près de 30 voitures sont impliquées sans excès de vitesse. Il y a quinze ans et plus, c'eût été un carnage. Ce jour-là, l'avant et l'arrière de quelques voitures sont écrasés mais les conducteurs et passagers sont indemnes. Il y a 4 blessés légers. » Un miracle ? Non, car toute une série d'équipements a contribué à améliorer la résistance des véhicules. Ainsi, la déformation programmée. En cas de choc, les extrémités de la structure même se plient mais l'habitacle n'est pas touché. Les capots sont fabriqués dans une matière plus molle, qui amortit les chocs et évite aux piétons d'être brutalement fauchés. Quant aux essuie-glaces, ils ne sont plus conçus comme des épées, non pas pour des raisons esthétiques mais à seule fin de protéger le corps d'une personne percutée. Cette recherche concerne tout ce qui compose un véhicule. Aujourd'hui, les pédales n'enserrent plus les chevilles comme c'était le cas auparavant quand il se produisait un choc. Elles sont escamotables. Les volants ? Ils sont placés plus bas pour éviter des dommages au cœur. La sécurisation est testée systématiquement et tout nouveau véhicule lancé par un constructeur subit des crashs tests. C'est ce qu'on appelle la sécurité passive, l'ensemble des éléments mis en place dans un véhicule. Lors d'un accident, ils atténuent les conséquences corporelles sur les occupants du véhicule ou sur les victimes extérieures.

Quelques autres exemples d'améliorations technologiques : l'airbag, l'ABS, l'ESP, les systèmes antidérapage, etc. L'ESP *(Electronic Stability Program)*, développé par l'équipementier automobile allemand Bosch, permet de corriger la trajectoire en agissant sur le système de freinage et sur le couple moteur. Il s'agit d'un système de sécurité formé de multiples capteurs situés dans les quatre roues du véhicule qui contrôlent la trajectoire. Très utile, notamment pour négocier un virage pris à trop grande vitesse, ou conduire en cas de pluie, de neige ou sur une route peu adhérente, il rectifie les erreurs d'appréciation du conducteur et modère une manœuvre trop nerveuse ou trop brutale. Depuis sa création en 1995, ce stabilisateur électronique de trajectoire, devenu un équipement de série sur un bon nombre de voitures, constitue une innovation technologique, qui a sûrement permis de sauver des dizaines de milliers de vies chaque année.

La ceinture et le casque, couple royal de la sécurité

Deux équipements phares, la ceinture de sécurité et le casque pour les deux-roues, ont évité les éjections du passager hors de la voiture et réduit les blessures, qui transformaient, auparavant, les collisions et les chutes en catastrophes. Que de progrès technologiques entre le brevet de bretelles protectrices déposé en 1903 par un certain Gustave-Désiré Lebeau et la ceinture de sécurité trois points, créée en 1959 par Nils Bohling, à la demande du constructeur Volvo. Reléguant au musée la ceinture à deux points qui laissait le thorax libre et mobile en cas d'accident, la nouvelle innovation marque très certainement une des dates les plus importantes de l'ère de la sécurité automobile moderne. C'est aujourd'hui le premier geste que conducteurs et passagers font, comme un réflexe automatique, en prenant place dans une voiture. Quant au casque, ne restent que les inconscients pour oublier de le porter. Pour la plupart des motards ou des conducteurs de deux-roues, il constitue l'indispensable compagnon de route, au point que les « invités » ne sont pas autorisés à partager le siège à l'arrière si un deuxième casque vient à manquer.

Mais il a fallu attendre de nombreuses réglementations pour qu'ils deviennent des équipements obligatoires. La première ceinture en 1973 est finalement imposée à l'avant et à l'arrière des voitures particulières et à l'ensemble des véhicules. Une loi du 1er mai 1994 punit d'un retrait de points le défaut du port de la ceinture de sécurité. Il en coûte aujourd'hui 3 points. Ce faisant, elle ne cesse d'être améliorée, notamment avec la création du « limiteur d'efforts », un système qui préserve davantage la cage thoracique. Quant à l'enrouleur, il renforce l'efficacité de la ceinture en ne faisant plus absorber par le corps la totalité de l'énergie dégagée lors de l'accident.

Des études visent également à optimiser la sécurité des deux-roues motorisés. En juin 2010, l'INRETS et le CERTU (Centre d'études sur les réseaux, les transports, l'urbanisme et les constructions publiques) ont présenté deux gilets de protection gonflables, capables d'amortir le choc lors de l'éjection du pilote.

Ce sont bien ces technologies qui ont permis de faire diminuer de manière spectaculaire les risques d'accidents et d'atténuer les dommages en cas de choc. Bien davantage que les radars installés par les responsables politiques, ces équipements sont à l'origine de la baisse de la mortalité routière. Mais les premiers œuvrent pour la prévention. Les seconds pour la sanction. Même s'il faut en convenir, les radars ont eu une incidence sur la grande vitesse, devenue aujourd'hui au dire même de la Sécurité routière, « marginale ».

Enfin, il ne faudrait pas oublier le travail des médecins urgentistes, qui contribuent pour beaucoup à modifier les chiffres de l'accidentologie. Sans eux et sans l'intervention des services du Samu et du Smur (Service mobile d'urgence et de réanimation), il est à craindre que de nombreuses personnes ne survivraient pas à leurs blessures.

Néanmoins, il est des actions à mettre au crédit des responsables politiques. Le contrôle technique obligatoire depuis 1991, voilà une action préventive des plus intéressantes. Avec lui, véhicules hors d'âge et autres « voitures poubelles » sont envoyés à la casse. En outre, des infrastructures plus sûres et plus modernes ont fait également chuter l'accidentalité. Ainsi, la multiplication des carrefours giratoires. Selon l'Observatoire national interministériel de la sécurité routière, le nombre de personnes tuées lors d'une collision par le côté a été réduit de près des deux tiers en dix ans.

Et la sécurité sur nos nationales ?

Reste la question de l'emplacement des radars. Ne sont-ils pas massivement installés sur les autoroutes ? Or, le risque « local », comme le soulignent les responsables de la Sécurité routière, est majeur, car l'on meurt davantage en France sur les routes secondaires que sur les autoroutes. La répartition des victimes de la route selon les différents types de voies se présente de la manière suivante : 446 tués sur les autoroutes, soit 5,6 %, 2 177 sur les routes nationales, soit 27,3 %, et 4 159 sur les routes départementales (52 %) et 1 207 (15,1 %) sur les voies communales. Ces statistiques datent de 1997. Un autre document sur les données de l'accidentologie en 2007 confirme cette répartition des accidents selon les réseaux routiers et montre que, dix ans plus tard, la situation reste inchangée : malgré l'importance du trafic sur les autoroutes, la part des accidents qui surviennent sur ses réseaux est relativement faible. *A contrario*, le nombre des accidents et des tués sur les routes nationales et départementales est considérable, « avec un linéaire important, ce qui rend plus difficile à la fois la surveillance de ce réseau et sa sécurisation ». Enfin, circuler dans les zones rurales constitue le plus grand danger : 56 % des tués en 2007 l'auraient été sur les routes bidirectionnelles de rase campagne, selon ce même document. Soit, rapporté aux 4615 tués durant l'année 2007, 2584 personnes auraient trouvé la mort sur les routes de la campagne française.

Plus précisément, le trafic sur les autoroutes en 2007 se situait aux alentours de 25% avec un pourcentage d'accidents et de tués d'environ 5%. En revanche, le taux de mortalité double sur les routes nationales où le trafic est pourtant faible (8,4%). Quant aux routes départementales, les chiffres sont affolants: 40% du trafic et plus de 60% de tués.

Le constat ne diffère pas en 2010, si l'on en croit les résultats d'une étude sur la qualité des routes réalisée dans le cadre du programme EuroRAP (*European Road Assessment Programme* ou «programme d'évaluation des routes européennes»). L'on y apprend que si nos autoroutes sont parmi les meilleures d'Europe, le reste de nos axes routiers est de bien piètre qualité. Un rapport général publié en 2009 par quatre sénateurs ne dit pas autre chose, compte tenu des crédits alloués par l'État dans le projet de loi de finances 2010, pour «l'entretien préventif des routes et des grosses réparations». Les financements d'État affectés à la maintenance du réseau routier «connaissent une diminution importante de 23,3%». Aucun changement n'est à signaler dans la loi de finances 2011. Elle prévoit d'allouer aux nationales et aux autoroutes gratuites (non concédées à des sociétés privées) 227 milliards d'euros pour leur entretien. Le budget en 2010 représentait 335 milliards d'euros et 424 milliards en 2009. Selon le bilan de la

Sécurité routière 2009, « la mortalité autoroutière représente, en 2009, 5,3 % du total des morts, alors qu'elles assurent plus de 20 % du trafic », tandis que « la situation se dégrade sensiblement sur les routes départementales » qui comptent 65 % de la mortalité d'ensemble.

Charles Trenet chanterait-il aujourd'hui la joyeuse ritournelle : « On est heureux nationale 7 » ? Cela n'est pas certain. À moins de montrer une réelle prédilection pour les trous dans le bitume et autres nids-de-poule.

Toutes ces données jettent évidemment un voile sur le bien-fondé de la politique répressive mise en place par les autorités. Pour le député des Bouches-du-Rhône, Bernard Reynès, à l'origine de la première proposition de loi visant à assouplir le permis à points, ce qui se joue dans les débats autour de la sécurité routière n'a rien à voir avec la sécurité elle-même : « Il ne faut pas mettre un faux nez à la vérité ! Nous souhaitons arrêter le harcèlement pour véritablement sanctionner les délinquants de la route ! répond-il fermement aux associations opposées à l'assouplissement des sanctions. Chez nous, l'on ne sait pas faire dans la mesure. La répression n'est pas une bonne réponse quand elle ne fait aucune distinction. De plus, l'on aborde le sujet avec une énorme charge émotionnelle. Ce n'est pas ainsi que l'on bâtit une vraie politique de prévention et de sécurité. L'on ne peut pas non plus tout lier à la notion de culpabilité. Or, en France, dès qu'il y a un problème, il faut un coupable. »

Encore faudrait-il les identifier clairement. Sur le sujet, on l'a vu, l'état des routes ne figure jamais au banc des accusés. Les automobilistes sont les seuls cités à comparaître, accusés de rouler trop vite et de boire sans modération. Alors même que les informations que l'on vient de donner montrent que les vitesses excessives sont devenues marginales et que les Français ont changé leur comportement vis-à-vis de l'alcool. À croire que l'expression du XIIIe siècle « Qui veut noyer son chien l'accuse de la rage » n'a pas pris une seule ride.

En matière de sécurité routière, les vraies analyses sont rares. Les tenants d'une politique répressive se battent en duel contre les opposants, jugés laxistes et irresponsables. Au cœur de cette joute, un rapport de l'Institut (l'Académie des sciences morales et politiques) semble pourtant apporter un autre son de cloche. Certes, le document est ancien, il date de 2003. Mais il mérite que l'on s'attarde au moins sur ces quelques lignes : « La complexité des prises de risque dans la conduite reste largement méconnue. Les logiques de répression ne s'articulent pas toujours efficacement avec des logiques de prévention qui tiennent compte des réalités de la représentation de la route et des inégalités entre les groupes de conducteurs. » Quant aux « réponses apportées par les pouvoirs publics aux dangers de la route », poursuit le rapport, « elles ont toujours été parcellaires. Les gouvernements successifs sont intervenus sur différents types de causes, sans jamais faire de la route un sujet global, sans articuler ensemble la totalité des facteurs impliqués». Sans doute, le ton est académique. Toutefois, il résume relativement bien la façon dont se déroulent en France le débat et les travaux sur la sécurité routière.

La somnolence, une cause méconnue

Sans prétendre avoir évoqué dans cet ouvrage la totalité des facteurs impliqués dans les accidents de la route, il faut néanmoins mentionner un paramètre relativement passé sous silence. Contrairement aux idées reçues, la somnolence serait une des premières causes d'accident sur autoroute. Telle est la conclusion d'une enquête menée avant les départs en vacances de l'été 2010 par le magazine *L'Argus de l'automobile*. Un journaliste s'est prêté à une expérience avec le concours médical d'une clinique du sommeil parisienne. Équipé de quinze électrodes reliées à un boîtier, et après une nuit sous haute surveillance, il a parcouru 930 kilomètres entre Paris et Nice. À l'arrivée, les capteurs ont délivré des résultats bien surprenants: onze minutes de sommeil, se décomposant en huit séquences allant de trente secondes à deux minutes trente, ont été enregistrées durant son trajet. De plus, à l'analyse, il s'est avéré que ces épisodes de sommeil ne correspondaient pas aux coups de fatigue que le conducteur cobaye a ressentis le long du parcours. Autrement dit, conclut le magazine, le conducteur a parcouru un total de 24 kilomètres à une vitesse moyenne de 130 km/h en état de somnolence. Voilà une étude qu'il conviendrait de poursuivre et un danger qui mériterait une véritable campagne de prévention, d'autant que la somnolence n'est pas perçue, contrairement à la vitesse et à l'alcool, comme un danger. Lors de la 11e Journée du sommeil organisée par l'Institut national du sommeil et de la vigilance (INSV) qui s'est déroulée le 11 mars 2011, la somnolence au volant a pourtant bien été identifiée comme étant la première cause d'accident sur autoroute, soit un accident sur trois. Selon les travaux des spécialistes, en cas d'endormissement, les conducteurs sont 30 % à poursuivre leur route et 8 % entrent en résistance, à coups de gestes inutiles. Car allumer la radio, fumer, ouvrir la fenêtre ou faire fonctionner la climatisation sont des remèdes à la somnolence aussi inefficaces que de boire un petit noir bien serré ou de s'arrêter dans les magasins des stations-service pour faire le plein de boissons énergisantes. En cas de coup de pompe ou de franche somnolence, rien de mieux que de s'accorder une pause et une sieste réparatrice.

Par ailleurs, une étude d'envergure menée avec divers organismes (Afssaps, Inserm, Assurance maladie et INRETS), publiée dans la revue *PLoS Medicine*, a mis en évidence le lien entre insécurité routière et prescription médicale. Menée auprès de plus de 70 000 conducteurs impliqués dans un accident corporel entre 2005 et 2008, l'étude a évalué à plus de 3 % la part des accidents de la route imputables à la prise de médicaments classés niveaux 2 et 3. Il s'agit de produits pharmaceutiques marqués des pictogrammes orange et rouge, pour l'essentiel des anxiolytiques, hypnotiques, antiépileptiques et antidépresseurs. Ils augmenteraient respectivement le risque d'accident de 31 % et de 25 %.

Un autre danger à venir, les voitures sans permis

Selon la loi, une voiture sans permis (VSP) est un quadricycle léger à moteur diesel pourvu d'une carrosserie fermée à deux places. Ces engins sont très encadrés par la législation. Ils doivent présenter un poids à vide inférieur à 350 kilos, une vitesse maximale de 45 km/h et une puissance du moteur n'excédant pas 4 kW, c'est-à-dire 5,6 CV. Assimilés à des cyclomoteurs ou scooters, ces véhicules peuvent circuler sur tous les axes routiers, à l'exception des voies express et des autoroutes.

Les premières voitures de ce type datent de la fin des années 1970. Conçues par le constructeur Ligier, elles permettaient alors aux personnes âgées résidant en milieu rural de rester mobiles et autonomes ou à des mères de famille modernes et assez fortunées d'accompagner leurs enfants à l'école, aux cours de musique et aux terrains de sport... Toutefois, leur coût n'était pas à la portée de toutes les bourses. Rares, elles suscitaient tout au plus l'étonnement non sans provoquer rires et quolibets. Bref, affublées auparavant de sobriquets assez peu flatteurs comme « voiturettes »,

« pots de yaourt » ou encore « caisses à savon », elles ont aujourd'hui le vent en poupe. Car leur grand avantage, comme leur nom l'indique, est de pouvoir être conduites sans le précieux sésame rose. Une aubaine pour les jeunes de moins de 16 ans et surtout pour les victimes du permis à points !

D'autant qu'aujourd'hui les VSP ne sont même plus ringardes ! La vitesse en moins, elles auraient même une certaine allure, ces minivoitures, avec leur carrosserie aux formes toniques et leurs intérieurs design. Bon nombre d'entre elles arborent carrément un look digne d'une élégante sportive ou d'un séduisant cabriolet. La dernière née de la marque emblématique française Ligier est de celles-là. Ses équipements n'ont rien à envier à certaines citadines traditionnelles : sellerie cuir, rétroviseurs dégivrants, radars de recul jusqu'au moteur silencieux. Le tout pour un budget de 10 000 à 13 000 euros.

Les constructeurs affirment que 80 % de la clientèle est constituée de femmes dynamiques ou de personnes ne parvenant pas à décrocher le permis, les automobilistes ayant perdu tous leurs points ne représentant qu'une part marginale.

Toutefois, selon des chiffres officiels, 130 000 voitures de ce type roulaient en 2010. Il y a tout lieu de considérer qu'une bonne partie des conducteurs privés de leur sésame, parmi les plus privilégiés financièrement, ont pris le parti de rouler en VSP. Toujours est-il que, depuis les années 1990, les immatriculations augmentent, même si l'année 2010 marque une baisse d'environ 2%, avec 13345 immatriculations contre 13747 en 2009.

Mieux: la fragilité du permis à points a, semble-t-il, donné des idées à quelques malins doués pour le commerce. La VSP a depuis 2003 son magazine. Édité par la société CPPresse, il porte le nom évocateur et sans équivoque: *Génération sans permis*. La société éditrice se vante d'une progression des ventes de plus de 50% depuis sa création. Le magazine s'est même payé le luxe en 2010 de s'installer au cœur du Mondial de l'automobile! Du côté des locations, les agences de VSP fleurissent également aujourd'hui dans l'Hexagone, sans que l'on puisse savoir si le marché est prospère... Françoise dans le Morbihan témoigne: «De nombreuses enseignes commerciales se sont ouvertes et exposent dans leurs vitrines des véhicules de ce type, qui n'ont guère l'apparence de voiturettes tant certaines, rutilantes, ressemblent à des voitures de course, sauf qu'elles roulent à 50 à l'heure.» Le proverbe «Le malheur des uns fait le bonheur des autres» est d'une éternelle actualité.

L'on s'en doute, avec des vitesses de pointe de l'ordre de 50 km/h, elles ne craignent pas les radars. Pas plus qu'elles ne figurent dans la ligne de mire de la Prévention Routière ou des associations de victimes. Pourtant, de plus en plus de conducteurs n'en reviennent pas de se faire doubler en pleine campagne par une de ces voiturettes. Le ministère des Transports a beau souligner qu'elles n'occasionnent que très peu d'accidents, elles commencent à faire la une des faits divers de la presse régionale qui rend compte de plus en plus fréquemment de collisions parfois mortelles. Un habitant de Longueil-Sainte-Marie dans l'Oise se souvient d'un accident survenu en août 2010 entre une VSP et une fourgonnette sur la D200, qui a fait deux blessés : « Le conducteur de la fourgonnette s'est aperçu trop tard que la voiture devant lui roulait à petite vitesse car maintenant ces voiturettes sont plus grosses et ressemblent parfois à s'y méprendre à une automobile comme les autres. »

Impossible à ce jour d'obtenir les chiffres d'accidentologie de ces VSP. Néanmoins, au rythme où les conducteurs perdent leurs points et leurs sésames, il se pourrait bien que les voitures sans permis viennent grossir les statistiques des victimes de la route. Et cela d'autant qu'elles roulent principalement sur les voies secondaires, où ont lieu 65 % des accidents mortels. Enfin, une autre cause de la mortalité sur les routes pourrait bien venir bousculer les idées reçues et le « politiquement correct ». En effet, si les jeunes conducteurs sont concernés et leurs comportements jugés irresponsables, il semble bien que les personnes âgées, que l'on cite bien peu dans les statistiques, constituent une population à risques. Selon quelques sources, un document à visée législative serait sur les bureaux des responsables politiques afin de « limiter », en tout cas d'encadrer, la conduite des personnes âgées. Toutefois, ce document, dont on peut penser qu'il donne des statistiques, n'est pas encore sorti… De méchantes langues avancent qu'un tel document n'est pas tout à fait approprié dans une période pré-électorale… Voilà pourtant un sujet sérieux qu'il conviendrait de prendre en compte dans une politique de prévention. Récemment, l'émission *Envoyé spécial* y a consacré un reportage très intéressant.

Ne serait-il pas temps que les acteurs de la Sécurité routière fassent de la route un sujet global, qui articule la totalité des facteurs impliqués ? Ces pages montrent assez que les excès de vitesse et l'absorption d'alcool ne sont pas les seuls facteurs qui interagissent dans le nombre d'accidents et de tués.

Enfin, à travers ce débat du permis à points, comment ne pas voir que s'illustre ici le malaise d'une société où le pouvoir absolu du politiquement correct a pris le pas sur le principe de réalité, où l'exacerbation du besoin sécuritaire a ébranlé fortement notre capacité de tolérance au point qu'aujourd'hui la prévention des risques s'accompagne, dans tous les domaines, de la folle utopie du risque zéro.

5

Petit guide pratique à l'usage des automobilistes

Le droit de se défendre fait partie des droits humains fondamentaux. Ils sont inscrits dans les articles 8 et 10 de la Déclaration universelle des droits de l'homme. Ils stipulent: «Toute personne a droit à un recours effectif...» et «Toute personne a droit, en pleine égalité, à ce que sa cause soit entendue équitablement...».

De plus, dans une politique basée systématiquement sur la répression, dont le processus accuse certains abus et dysfonctionnements, la réponse, en toute logique, ne devrait pas prendre d'autres chemins que celui de la riposte. Et la riposte se résume à une simple expression: se défendre. C'est le premier conseil donné par tous les avocats spécialisés.

Se défendre consiste à contester toutes les infractions, absolument toutes. Qu'il s'agisse de celles liées à la vitesse, flashée par un radar, ou d'une contravention dressée par un agent de police. Dans les deux cas, il faut contester. Dans le premier, en prenant la peine de demander le cliché de l'infraction ; dans le second, mieux vaut éviter de signer tout procès-verbal, quelles que soient les « menaces » ou intimidations du verbalisateur... À moins que l'on ne se juge soi-même coupable...

Mais, attention : selon la procédure choisie par la justice – amende forfaitaire, ordonnance pénale ou citation devant le juge –, les délais pour agir ne sont pas les mêmes.

Contester une amende forfaitaire pour éviter les retraits de points

Pour l'amende forfaitaire entraînant des retraits de points, contester signifie tout d'abord ne jamais payer « vraiment » une amende. Pourquoi ? Quand l'amende est « vraiment » payée, toute contestation ultérieure se trouve infondée car le paiement met fin aux poursuites. Acquitter « réellement » une amende forfaitaire implique en effet que l'on reconnaît les faits et donc sa responsabilité et par suite l'infraction. C'est pourquoi, il faut à la fois contester et payer pour « de faux », si l'on peut le dire ainsi.

Car, en général, dès que l'on reçoit un avis à payer une amende forfaitaire majorée – parce que l'on n'a pas payé l'amende forfaitaire initiale et que l'on n'a pas contesté la contravention dans les quarante-cinq jours de sa rédaction –, la machine répressive se met immédiatement en place. Un titre exécutoire est prononcé et édité. Cette étape entraîne automatiquement le retrait de points. Après cette étape, l'affaire est définitivement close.

Le retrait de points est une procédure particulière, si l'on peut encore dénommer « procédure » la gestion des contraventions. Il s'agit, on l'a vu, d'un processus entièrement automatique, dans la mesure où la gestion du fichier national du permis de conduire est, elle aussi, totalement informatisée et fonctionne sur un système de barème sans aucune intervention humaine.

Pourquoi contester ? Parce que c'est la seule possibilité de se donner les moyens d'engager par la suite une procédure sur le plan pénal. C'est seulement quand tous les recours sont épuisés que la condamnation est définitive. Contester permet de toute façon de gagner du temps. Et de s'inscrire à un stage afin de récupérer 4 points, dans le cas où la contestation serait reconnue irrecevable par le juge.

Contester l'infraction et l'amende permet qu'un juge intervienne. Même si celui-ci ne peut pas se prononcer sur le retrait de points (puisqu'il est automatique selon l'infraction relevée), il pourra déterminer le montant de l'amende et également décider dans le meilleur des cas si l'infraction mérite la clémence, et, ce faisant, appliquer une dispense de peine, en prononçant la relaxe du contrevenant, ou renoncer à toute poursuite et classer sans suite l'infraction. C'est cette dispense de peine – la levée de l'infraction – qui mettra alors fin au processus du retrait de points du permis. L'on a donc tout intérêt à contester car, en matière d'infraction, il y a très souvent lieu à interprétation.

Contester permet de remettre de l'humain dans le fonctionnement du système. Il est clair que l'on a plus de chances de gagner l'indulgence d'un juge que d'une machine...

Mais pourquoi à la fois contester et payer l'amende forfaitaire initiale ? Parce que si l'on conteste, il faut en effet s'acquitter « provisoirement » de la somme demandée. C'est un principe un peu tordu. Une sorte d'exception française dénoncée, y compris par le médiateur de la République, Jean-Paul Delevoye, qui n'a jamais craint de dire que ce principe était un non-sens. Le fait d'avoir payé une amende ne devrait pas empêcher de contester ensuite l'infraction devant un juge. Cet accès au juge est un droit fondamental pour tout citoyen. La France a d'ailleurs été condamnée à deux reprises par la Cour européenne des droits de l'homme pour avoir refusé ce droit.

Toutefois, c'est ainsi que le système a été mis en place. Mais, attention, le paiement, s'il est assorti d'une contestation, est versé seulement à titre de consignation.

Comment bien contester ? Il faut joindre au paiement une lettre motivée sommairement, appelée aussi requête en exonération, prévue par le formulaire joint à l'avis de contravention. Il faut également demander la copie du dossier, comportant la photographie de l'infraction, au Centre automatisé de constatation des infractions routières (CACIR), dont l'adresse figure sur l'avis de contravention, s'il s'agit d'une infraction flashée. Un courrier accusera réception de la contestation. Après quoi, il s'agira de la motiver de façon très explicite par un second courrier.

Un conseil : il faut contester chaque infraction, même de 1 point, sans attendre de voir fondre son solde. Cela permet de faire échec aux retraits immédiats de points et, en cas d'issue favorable de la procédure, de n'en perdre aucun.

Si l'on obtient satisfaction et que la peine est annulée, le montant de la contravention payée au titre de la consignation sera remboursé. Mais il convient d'être vigilant et de vérifier que son montant a été effectivement restitué car il arrive dans certains cas qu'il ne le soit pas… Ou, pire, que le fichier poursuive son travail automatique et que, malgré la décision favorable du juge, les points correspondant à l'infraction soient retirés.

Dans cette éventualité, il faut de nouveau adresser un courrier en sollicitant un recours gracieux afin de contester la mesure de retrait de points auprès du ministère de l'Intérieur et de l'officier du ministère public.

En revanche, si la contestation de l'amende est rejetée ou reste sans réponse, il convient d'adresser un courrier pour former un recours contentieux auprès du tribunal administratif.

Tout automobiliste peut présenter un recours devant les tribunaux administratifs. Toutefois, les règles, astuces, techniques et autres tactiques juridiques échappent à la grande majorité du commun des mortels. Aussi, s'il n'est aucunement obligatoire de se faire assister par un avocat, cela s'avère le plus souvent indispensable. Et, évidemment, devant les frais à payer pour recourir aux services d'un avocat, l'égalité de droit affiché dans la Constitution prend quelques coups de canif.

Comment contester en toute légalité? L'automobiliste peut faire valoir différents arguments pour mettre en cause la réalité d'un procès-verbal. Parmi eux, il y a ceux qui sont imparables. À commencer par celui qui fait valoir que l'on n'était pas au volant lors de l'excès de vitesse constaté par le radar. Par exemple, si la voiture a été vendue avant l'infraction. Dans ce cas, il suffit d'adresser au service des amendes automatisées une réclamation et de joindre la copie du certificat de cession du véhicule. Néanmoins, dans ce cas précis, le propriétaire du véhicule reste «pécuniairement redevable» et devra payer l'amende. Mais aucun retrait de points du permis ne sera appliqué. Ce mécanisme, défini à l'article L. 121-3 du code de la route, permet de poursuivre financièrement le titulaire du certificat d'immatriculation.

Un autre argument consiste à prouver que l'on ne pouvait pas conduire le jour de l'infraction dans la mesure où l'on était en déplacement professionnel ou privé, ou hospitalisé... Il appartient, en effet, aux services de police d'apporter la preuve que la personne poursuivie est bien celle qui conduisait. Or, lorsque la contravention est fondée sur la production d'une photographie prise par un radar, le cliché n'est pas toujours de grande qualité et ne permet pas d'identifier formellement le conducteur. Dans ce cas, il suffit de s'adresser au service des amendes automatisées et de produire un billet d'avion ou de train à son nom, un certificat d'hospitalisation, de l'employeur, une déclaration du « vrai » conducteur, etc. D'où l'importance de contester systématiquement en demandant la production du cliché. Si la photographie prouve que l'on n'est pas l'auteur de l'infraction ou si le cliché est trop flou, l'on ne sera pas poursuivi ni financièrement ni par retrait de points.

En résumé : toute réclamation motivée doit s'accompagner de la consignation d'un montant égal à celui de l'amende forfaitaire. On peut contester au moyen du formulaire « requête en exonération », qui est joint à l'avis de contravention. Bien entendu, ce courrier doit être adressé par lettre recommandée avec accusé de réception et un délai de quarante-cinq jours à compter de la date d'envoi de l'avis de contravention doit être rigoureusement respecté. En cas de classement sans suite ou de relaxe d'une contravention, le montant de la consignation est remboursé. L'automobiliste n'a plus à en faire la demande, comme c'était le cas auparavant. Ce remboursement est automatique depuis le 14 mai 2009. Cependant, il convient de vérifier que le Trésor public a bien pris la peine de demander un relevé d'identité bancaire et de surveiller sur son compte la réalité dudit remboursement.

Contestation de l'amende forfaitaire majorée

L'amende forfaitaire majorée peut aussi faire l'objet d'une réclamation motivée, par lettre recommandée avec accusé de réception, auprès de l'officier du ministère public près du tribunal de police, à l'adresse figurant sur l'avis d'amende, dans les trente jours suivant l'envoi de l'avis.

Cette réclamation doit être accompagnée de l'original de l'avis d'amende forfaitaire majorée, sous peine de rendre irrecevable la réclamation.

Contester un retrait de points (recours gracieux et recours contentieux)

Toute décision de retrait de points du permis de conduire est purement administrative. Elle dépend donc du ministère de l'Intérieur. Le conducteur est informé de ce retrait de points par le formulaire 48SI.

À réception de ce courrier, il peut contester le retrait auprès du ministre lui-même en demandant un recours dit « gracieux ». Le conducteur devra adresser ce courrier par lettre recommandée avec accusé de réception à l'adresse du ministère de l'Intérieur, place Beauvau, 75008 Paris.

Le délai à respecter est de deux mois à compter de la réception du formulaire 48SI.

Le recours gracieux est rejeté ? Il est possible alors de saisir le tribunal administratif de son lieu de domicile et l'on dispose encore d'un nouveau délai de deux mois. S'engage alors un recours contentieux.

La requête en contentieux doit être préparée en quatre exemplaires, et il faut joindre une copie de la notification du rejet de recours gracieux.

Une non-réponse du tribunal administratif dans ce délai de deux mois équivaut au rejet du recours contentieux.

Contester le retrait du permis de conduire

Que faire si l'on n'a pas contesté les précédentes contraventions et si l'on n'a pas suivi les stages de « rattrapage », qui permettent de regagner 4 points ? Et que, au bout du compte, l'on se retrouve privé de son permis, sommé de le restituer ?

Le mieux est de faire appel à un avocat spécialisé, qui peut notamment saisir le tribunal administratif par référé et obtenir l'annulation de la décision.

Pour éviter d'en arriver là, il est fortement conseillé d'utiliser toutes les voies de recours pour récupérer les points perdus et se tenir au courant de l'évolution de son « capital », surveiller le courrier du ministère de l'Intérieur qui, en général, prévient le conducteur quand le capital est dangereusement à la baisse, en l'incitant à suivre un stage afin de récupérer 4 points.

Pour s'informer de la « santé » de son permis, il existe depuis juillet 2007 un service d'information disponible sur Internet. Pour utiliser ce service, Télépoints, un code personnel et confidentiel est nécessaire. Il faut le demander à la préfecture de son domicile. Cela peut paraître une démarche contraignante. Mais elle vaut la peine d'être faite. Ainsi, l'on peut consulter son « compte » à tout moment.

Toutefois, il est assez fréquent que l'information passe mal ou ne soit pas enregistrée assez vite dans le circuit. De plus, la législation impose que l'on informe le conducteur verbalisé sur le nombre de points que va lui coûter telle ou telle infraction. Or, la plupart du temps, cette mention n'est pas indiquée sur l'avis de contravention.

Cette information a pourtant été jugée « substantielle » par le Conseil d'État. Et dans la mesure où cette carence n'a pas permis au conducteur de réagir, soit en contestant, soit en suivant un stage, il peut saisir le tribunal administratif. Si le conducteur engage une procédure de recours en annulation de la décision de retrait de permis, ce sera donc à l'administration de prouver que l'information a bien été portée sur l'avis de contravention. Dans le cas contraire, le tribunal administratif annule les retraits de points concernés.

Aux automobilistes de relever ce défaut d'information et de le faire valoir.

Combien ça coûte en points et en euros ?

Les infractions liées aux excès de vitesse et aux feux de la circulation

Excès de vitesse inférieur à 20 km/h – 1 point
quand la limitation de vitesse est inférieure ou égale à 50 km/h

Amende forfaitaire	135 euros
Amende forfaitaire minorée	90 euros
Amende forfaitaire majorée	375 euros

Excès de vitesse inférieur à 20 km/h – 1 point
quand la limitation de vitesse est supérieure à 50 km/h

Amende forfaitaire	68 euros
Amende forfaitaire minorée	45 euros
Amende forfaitaire majorée	180 euros

Excès de vitesse de 20 à 30 km/h – 2 points

Amende forfaitaire	135 euros
Amende forfaitaire minorée	90 euros
Amende forfaitaire majorée	375 euros

Excès de vitesse de 30 à 40 km/h – 3 points

Amende forfaitaire	135 euros
Amende forfaitaire minorée	90 euros
Amende forfaitaire majorée	375 euros

Excès de vitesse de 40 à 50 km/h – 4 points

Amende forfaitaire	135 euros
Amende forfaitaire minorée	90 euros
Amende forfaitaire majorée	375 euros

Excès de vitesse supérieur à 50 km/h – 6 points

Amende jusqu'à	1 500 euros

Jusqu'à trois ans de suspension de permis
Confiscation obligatoire du véhicule en cas de récidive

Non-respect des feux – 4 points

Amende forfaitaire	135 euros
Amende forfaitaire minorée	90 euros
Amende forfaitaire majorée	375 euros

Combien ça coûte ?

Les infractions et les délits

Perte de 1 point

– Chevauchement d'une ligne continue seule ou quand elle n'est pas doublée d'une ligne discontinue du côté de l'usager.

– Maintien des feux de route gênant les automobilistes venant en sens inverse.

Perte de 2 points

– Téléphone tenu en main par le conducteur d'un véhicule en circulation.

– Accélération de l'allure par le conducteur d'un véhicule sur le point d'être dépassé.

– Circulation ou stationnement sur le terre-plein central d'autoroute.

– Usage d'un détecteur de radars.

Perte de 3 points

– Défaut de port de la ceinture de sécurité.

– Défaut de port d'un casque homologué pour les motocyclistes.

– Circulation sans motif sur la partie gauche de la chaussée.

– Franchissement d'une ligne continue seule ou quand elle n'est pas doublée par une ligne discontinue du côté de l'usager.

– Changement important de direction sans que le conducteur se soit assuré que la manœuvre est sans danger pour les autres usagers et sans qu'il ait averti ceux-ci de son intention.

– Dépassement dangereux.

– Stationnement sur la chaussée la nuit ou par temps de brouillard, en un lieu dépourvu d'éclairage public, d'un véhicule sans éclairage ni signalisation.

– Non-respect des distances de sécurité.

– Arrêt ou stationnement dangereux.

– Circulation sur bande d'arrêt d'urgence.

Perte de 4 points

– Blessures involontaires entraînant une incapacité totale de travail n'excédant pas trois mois.

– Non-respect de la priorité de passage.

– Non-respect de l'arrêt au « stop », ou au feu rouge fixe, ou du feu clignotant.

– Circulation sans éclairage ni signalisation, quand il fait nuit ou par temps de brouillard.

– Marche arrière ou demi-tour sur autoroute.

– Circulation en sens interdit.

– Non-respect de l'obligation pour les conducteurs de céder le passage aux piétons.

Perte de 6 points

– Homicide ou blessures causés involontairement à un tiers entraînant une incapacité totale de travail*.

– Conduite avec une alcoolémie comprise entre 0,5 et 0,79 g/L de sang.

– Conduite avec une alcoolémie égale ou supérieure à 0,8 g/L de sang*.

– Conduite en état d'ivresse manifeste*.

– Refus de se soumettre aux vérifications d'alcoolémie*.

– Délit de fuite*.

– Refus d'obtempérer, d'immobiliser la voiture et de se soumettre aux vérifications*.

– Défaut volontaire de plaques d'immatriculation et fausses déclarations*.

– Utilisation volontaire de fausses plaques d'immatriculation*.

– Conduite sans permis*.

– Conduite sous l'influence de stupéfiants*.

– Gêne ou entrave à la circulation*.

– Refus de restitution du permis*.

– Refus de se soumettre aux tests de dépistage de stupéfiants*.

À noter : les infractions suivies d'un astérisque sont des délits.

Les 18 nouvelles mesures décidées lors du Comité interministériel de la sécurité routière du 11 mai 2011

La plupart de ces mesures devraient être rapidement appliquées, sans doute d'ici le mois de septembre 2011 (selon le gouvernement et sous réserve des prochaines modalités d'application).

5 mesures pour dissuader les excès de vitesse

• Les excès de vitesse supérieurs à 50 km/h seront sanctionnés plus sévèrement. Si le nombre de points retirés reste le même (6 points), ils seront qualifiés dès la première infraction de délit et punis de trois mois d'emprisonnement et de 3 750 euros d'amende au lieu de 1 500 euros.

• Interdiction de tous les avertisseurs de radars:

– Interdiction de la fabrication, l'importation, l'offre et l'incitation à l'usage des dispositifs techniques signalant la localisation des radars. Peine encourue: deux ans d'emprisonnement et 30 000 euros d'amende.

– Interdiction de la détention ou le transport de ces dispositifs. Peine encourue: amende de 5e classe d'un montant maximum de 1 500 euros entraînant un retrait de 6 points.

• Suppression de l'annonce des radars: les panneaux signalant la présence des radars seront enlevés et les cartes de radars ne seront plus rendues publiques.

• L'installation entre 2011 et 2012 de 1 000 radars supplémentaires. Il s'agirait de radars discriminants, radars tronçons et ceux installés aux feux rouges et aux passages à niveau. Par ailleurs, l'expérimentation de nouveaux outils sera réalisée: radars mobiles de nouvelle génération, radars chantiers adaptables au contrôle de vitesse sur les zones de chantier.

• La promotion d'un label «voiture sûre» en partenariat avec les constructeurs et assureurs. Cette mesure devrait permettre de développer les indications de limite de vitesse sur les GPS, faciliter le bridage volontaire des véhicules et faciliter le recours aux limiteurs de vitesse.

3 mesures pour lutter contre l'alcoolémie et l'usage des stupéfiants sur la route

• Sanction plus sévère pour une alcoolémie supérieure à 0,8 g d'alcool/litre de sang: création d'une perte de 8 points (au lieu de 6 points auparavant).

• Autoriser les infirmiers à procéder aux prises de sang obligatoires pour établir une infraction d'alcoolémie excessive ou de stupéfiants. Jusqu'à présent, seuls les médecins étaient habilités à effectuer ou faire effectuer les prises de sang.

• Développer l'usage de l'éthylotest antidémarrage dans les véhicules de location et les déplacements professionnels. Les rendre obligatoire dans les autocars de transport en commun.

3 mesures pour sécuriser l'usage du deux-roues motorisé

• Augmentation de la taille des plaques d'immatriculation des deux-roues motorisées (275 × 200 mm). Cette disposition concerne les nouvelles immatriculations et les mutations.

• Sanction aggravée pour les plaques non conformes : l'amende forfaitaire passe à la 4e classe et coûtera 135 euros au lieu de 68 euros. (À noter que la sanction pour l'infraction de non-conformité des plaques d'immatriculation s'appliquera à tous les véhicules, sans exception.)

• Rendre obligatoire une formation après 5 ans d'interruption de conduite effective d'un deux-roues motorisé.

• Obligation de porter un équipement rétro-réfléchissant pour tous les conducteurs de moto ou de tricycle de plus de 125 cm^3. Peine encourue en cas de non-respect de ces obligations : perte de 2 points et une amende de 3e classe.

4 mesures pour renforcer la vigilance au volant

• Téléphone au volant: retrait de 3 points (au lieu de 2 auparavant) et amende de 135 euros au lieu de 35 euros. Diffusion de messages de prévention par les opérateurs de téléphonie mobile.

• Conduire avec un écran en fonctionnement dans le champ de vision coûtera 1 500 euros d'amende et 3 points de retrait. En outre, un article du code de la route va prévoir la saisie de l'appareil à écran.

• 135 euros d'amende et retrait de 3 points pour le franchissement de la ligne de bande d'arrêt d'urgence, la circulation sur la bande d'arrêt d'urgence et sur les voies neutralisées.

• Généralisation des bandes sonores en rive de chaussées sur autoroute.

3 mesures pour mobiliser les citoyens

– Élargissement du Conseil national de la sécurité routière (instance de réflexion créée en 2001) aux associations de collectivités territoriales gestionnaires d'infrastructures et aux spécialistes des questions médicales.

– Développer l'éducation à la sécurité routière dans les lycées en poursuivant l'expérimentation (décidée par le CISR du 18 février 2010) des actions de sensibilisation qui s'est réalisée dans 80 lycées du territoire.

Conclusion

Quelques-unes des règles du permis à points ont été assouplies par l'Assemblée nationale après un débat houleux qui a mis en présence et en opposition les mêmes forces que celles qui avaient présidé à l'instauration du permis à points en 1992.

Ces nouvelles règles validées par le Sénat sont entrées en vigueur le 15 mars 2011. Pourtant, dès janvier 2011, les tenants du maintien d'une stricte répression ripostaient, accusant les mesures d'assouplissement d'être à l'origine de l'augmentation de la mortalité routière de 21,2% par rapport à janvier 2010.

Il semble curieux, voire simpliste d'imputer ce mauvais chiffre à cette modification légère des sanctions puisque les nouvelles règles n'étaient pas encore en vigueur en janvier 2011 et que, de surcroît, ce mois de janvier s'était caractérisé par un temps très rude.

Toutefois, hasard ou conséquence, les chiffres de février, mars et avril 2011 ont confirmé la tendance: en février, la mortalité routière augmentait de 7,5%;

en mars, de 2,7 % et, en avril, les accidents de la route faisaient 355 morts, soit une augmentation de l'ordre de 20 %, c'est-à-dire 59 victimes de plus par rapport à avril 2010. Ces mauvais chiffres ont décidé le gouvernement à accélérer le calendrier prévu et le Comité interministériel de la sécurité routière (CISR) qui devait se tenir avant l'été a donc été avancé en urgence. Il a eu lieu le 11 mai 2011.

Résultat ? Des mesures particulièrement fortes ayant pour objectif, selon le CISR, « de lutter contre l'augmentation de la mortalité routière constatée sur les routes françaises depuis le début de l'année (2011) et le relâchement des comportements qui en est la cause ».

Au premier rang de ces mesures, la suppression des panneaux signalant la présence des radars est celle qui est le plus mal acceptée des automobilistes. À la veille des départs en vacances d'été, ils s'inquiètent et ne cachent pas leur colère. Fustigeant les premières images télévisées montrant dans certains départements les panneaux démontés, de nombreux députés UMP ont d'ailleurs demandé en vain la création d'une commission d'enquête sur les causes de la recrudescence des accidents de la route.

Cette demande fait preuve d'une grande sagesse. Elle aurait permis de poser pour la première fois un regard global sur les causes de l'accidentologie, pourquoi pas de trouver des explications pertinentes sur l'augmentation des accidents mortels au 1er trimestre 2011, et, par là même, de donner lieu à une concertation entre les différents acteurs. Au lieu de quoi, les mesures répressives décidées signent la sortie de scène définitive d'une politique de prévention à visée pédagogique et renoue, encore une fois et d'une manière encore plus forte, avec la mise au pilori de tous les automobilistes. Tous sont accusés en bloc d'être définitivement des laxistes et des délinquants, méritant d'être punis en conséquence, sans distinction encore une fois, et sans le bénéfice d'aucune étude de présomption d'innocence. Se faisant leur porte-parole, de nombreux députés reprennent leur offensive, tel Richard Mallié, député des Bouches-du-Rhône, qui s'est écrié : « On n'arrête pas de s'en prendre plein la gueule. »

De surcroît, considérant que la sécurité routière reste pour tous la priorité, ces mêmes députés auraient souhaité pour le moins être associés à la réflexion du gouvernement et donc du CISR qu'il préside.

Comment ne pas regretter qu'aucun débat n'ait eu lieu ? La sécurité routière n'est-elle pas l'affaire de tous ? Si, a répondu le Premier ministre François Fillon en déplacement à l'Autodrome de Linas-Montlhéry (Essonne) le vendredi 20 mai 2011 pour assister à des crash tests, précisant qu'« il n'y a pas, d'un côté, le gouvernement et, de l'autre côté, les usagers de la route. On est ensemble pour sauver des vies et on est ensemble pour user de cette liberté qui est de pouvoir conduire en confiance ». Ensemble ? Mais il y a loin entre le discours et la réalité. La réalité montre bien l'absence de toute concertation et le retour en force de la diabolisation.

Tout de même, la suppression des panneaux n'a-t-elle pas « pour premier effet de frapper indistinctement tous les automobilistes, qu'ils soient ou non des professionnels de la route », comme l'a souligné Nicolas Perruchot, député du Loir-et-Cher ? Or, sur la vitesse, le Premier ministre l'a rappelé : « Il n'y a pas de débat possible sur la nécessité de respecter les limitations de vitesse. Je veux dire d'ailleurs que nos concitoyens dans leur immense majorité le font. » Mais alors, si les automobilistes dans leur immense majorité respectent les limitations de vitesse, pourquoi en guise de satisfecit les harceler davantage et ne pas frapper avec plus de sévérité les vrais délinquants ?

Quant aux avertisseurs de radars, considérés par le gouvernement comme une « incitation à enfreindre les règles en matière de limitation de vitesse », ils seront interdits. Une réelle connaissance du terrain aurait permis de démontrer que ces avertisseurs de radars, loin de permettre aux automobilistes de rouler vite en dépit des règles, sont aussi un moyen de prévention pour les automobilistes. D'ailleurs, les radars tronçons en développement n'ont-ils pas pour objectif de calculer la vitesse moyenne sur une certaine distance, et donc d'empêcher les automobilistes de freiner avant le panneau et de réaccélérer juste après le radar ? Rien ne semble plus facile pour les fabricants d'avertisseurs de radar que de changer le message et de prévenir l'automobiliste qu'il entre dans une zone dangereuse, par exemple... au lieu de préciser qu'il aborde une zone à radars. Question de sémantique… Est-ce cela, une politique de prévention et de sécurité ?

Quant aux mesures à visée pédagogique et à caractère préventif, elles semblent bien floues et ne sont assorties d'aucun calendrier. Comment vont se mettre en place concrètement les technologies permettant de mieux contrôler la vitesse sous le label « voiture sûre » (amélioration des GPS, incitation au bridage volontaire des moteurs ou installation de limiteur volontaire de vitesse) ? Comment va se développer l'expérimentation des actions de sensibilisation à la sécurité routière engagées dans les lycées ? L'on nous parle d'une action ayant déjà eu lieu dans 80 lycées. Mais le public ne dispose d'aucune information supplémentaire ni d'aucun bilan.

Enfin, si l'usage du téléphone portable tenu en main sera sanctionné plus sévèrement, donnant lieu à une contravention de 4e classe (au lieu d'une contravention de 2e classe) et d'un retrait de trois points du permis de conduire au lieu de deux points, le Comité interministériel de la sécurité routière n'a fourni aucune étude sérieuse sur le téléphone en kit mains libres, qui pourrait, selon des experts, tout autant distraire le conducteur… N'étant pas considéré, selon les études parvenues aux membres du Comité, comme un facteur plus dangereux qu'une conversation, l'idée d'en interdire l'utilisation n'a pas été retenue… De quelles études s'agit-il ? L'on n'en saura rien. Dommage.

Il est pour le moins troublant de constater que la « Grande cause nationale » de la sécurité routière est devenue en mai 2011 dans la bouche du Premier ministre une « cause sacrée » au nom de laquelle les mesures répressives décidées ne coûtent presque rien à l'État et devraient au contraire rapporter encore plus. Il n'en sera pas de même pour les automobilistes. Même si, pour l'État, le seul démontage des panneaux constitue un coût non négligeable. Des sommes importantes qui auraient sans doute profité davantage à des actions de prévention ou d'amélioration des infrastructures routières.

Pour autant, ceux qui depuis l'entrée en vigueur du permis à points en 1992 laissent accroître que la loi ne peut être rétroactive et que tous les conducteurs ayant obtenu leur permis avant 1992 ne devraient pas être concernés par les retraits de permis ont tort de faire circuler cette rumeur. Il est vrai que, avant 1992, le sésame rose était un document permanent. Toutefois, rien sur le plan juridique ne leur permet d'échapper à la nouvelle législation qui transforme en effet le permis de conduire en un document « provisoire ». Du reste, insiste Me Éric de Caumont, avocat au barreau de Paris, « ceux qui ont fait valoir cet argument n'ont pas gagné ».

En outre, l'harmonisation à l'échelle européenne des règles relatives au permis de conduire se poursuit avec la mise en place, à partir de 2013, d'un permis de conduire européen. Ce document unique, qui remplacera les différents modèles qui existent actuellement dans l'Union, doit améliorer la libre circulation et la liberté d'établissement des citoyens européens, réduire les possibilités de fraude en introduisant un modèle sous forme de carte plastifiée et contribuer à l'amélioration de la sécurité routière. Mais il ne fait aucun doute que ce permis européen aura bel et bien une durée de validité comprise entre cinq et dix ans selon les catégories. Ce n'est pas pour demain compte tenu des difficultés d'harmonisation des différentes législations. Mais le chemin est tracé. Peut-être entrera-t-il en vigueur à l'horizon 2020... ? Avant ? Après ? Le calendrier reste incertain.

En attendant, les automobilistes qui, dans leur grande majorité, faut-il le rappeler, partagent les objectifs du gouvernement en terme de réduction des accidents, seraient bien inspirés de faire pression sur les instances de décision pour exiger un débat national sur la sécurité routière et une réelle transparence sur tous les domaines qui y participent. Une « cause sacrée » ne saurait manquer à ces obligations.

Table

au cherche **midi**

dans la collection **DOCUMENTS**

Documents « Actualité »

PHILIPPE BILGER

États d'âme et de droit

LAURENT CABROL

Et si la Terre s'en sortait toute seule ?

En vert et contre tous

JEAN-LUC CALYEL

GIGN. Les secrets d'une unité d'élite

DIDIER DAENINCKX

La Mémoire longue

LAËTITIA DARMON – KIMO

T'es toujours en vie, toi ?

LAURENT HUBERSON

Enquête sur Edwy Plenel

PATRICK PELLOUX

Urgences pour l'hôpital

Histoires d'urgences (tomes 1 et 2)

REPORTERS SANS FRONTIÈRES

Pourquoi il faut boycotter la cérémonie d'ouverture des JO de Pékin

HOMAYRA SELLIER – SERGE GARDE

Enquête sur une société qui consomme des enfants

Documents « Société/Économie »

STÉPHANIE BECQUET
Journal d'un médecin généraliste

JACQUES BENHAMOU
Héritages, patrimoine, successions

SAUVEUR BOUKRIS
Ces médicaments qui nous rendent malades

SABINE BOURGEY
L'Art et la manière d'avoir de la chance

FRANCK CHAUMONT
Homo-ghetto
Gays et lesbiennes dans les cités :
les clandestins de la République

YVES COUPRIE
Manuel de survie par temps de crise

BERTRAND COUSIN
Un énarque dans la choucroute

JEAN-PIERRE CROUZET
Ambitions pour le vrai pain

DOMINIQUE DEVEDEUX – MARIANNE DE SOUZA
Contes de l'amour en ligne

JEAN-BAPTISTE DROUET
Les Maltraitances invisibles

MARIELLE DUMORTIER
Mon médecin du travail

GUIDE FO DU SALARIÉ 2011

FABRICE LACOMBE – LUCIE ROBEQUAIN
Les Emplois de demain

PIERRE MARTIN
L'Économie de proximité

EMMANUEL PIERRAT ET LAURENT KUPFERMAN
Le Paris des francs-maçons

JEAN-CLAUDE SEYS
Abécédaire impertinent du management

DOMINIQUE SOPO
Combat laïque

SIHEM SOUID
Omerta dans la police

Mis en pages par DV Arts Graphiques à La Rochelle

Cet ouvrage
a été achevé d'imprimer sur Roto-Page
par l'Imprimerie Floch à Mayenne
en mai 2011

Dépôt légal : juin 2011
N° d'édition : 2057 – N° d'impression : 79833
ISBN 978-2-7491-2057-7
Imprimé en France